운명을 바꾼 사람들

제1권

일러두기

- 안심정사 법우님들의 기도 체험 후기집입니다.
- 약간의 윤문과 교정을 통해 읽기 편하도록 하였습니다.
- 안심카페(cafe.daum.net/ansim24)에서 생생한 체험담을 확인하세요.

이 도서의 국립중앙도서관 출판예정도서목록(CIP)은 서지정보유통지원시스템 홈페이지 (http://seoji.nl.go.kr)와 국가자료종합목록시스템(http://www.nl.go.kr/kolisnet)에서 이용하실 수 있습니다. (CIP제어번호 : CIP2019010973)

운명을 바꾼 사람들 제1권

석법안 스님 엮음

도서출판 안심

법안 스님과 함께

정말 잘돼!
할 수 있어!

기도의 힘을 믿는 가장 좋은 방법은 직접 기도해 보고 성취해 보는 것입니다. 이 작은 책에 담긴 내용들은 기도를 성취한 분들의 이야기입니다. 그동안 저와 함께 기도하면서 정말 많은 분들이 소원을 성취하셨습니다만 이 책에 모두 담을 수 없음이 안타깝습니다.

불보살님들(부처님과 보살님들)은 자비만이 가득하신 분들이라 이 세상을 살아가는 중생들이 행복하지 못하고 성공하지 못함을 언제나 안타깝게 여기시며 구원의 손길을 내미는 이들에게 일일이 응답하여 주십니다.
그 증거가 여기에 담겨 있습니다.
행복한 사람들은 모두가 비슷해 보이지만 불행한 사람들은 각각의 이유가 있다는 톨스토이의 말을 인용하지 않더라도 각각의 이유로 핑계로 불행한 부분에 마음을 쏟고 있지 않나 합니다.

『법구경』에서는 맨 처음 '모든 것은 마음이 다스리고, 마음에서 나와 마음으로 이루어진다'고 가르치십니다. 불행한 부분에 마음을 쏟기 보다는 행복한 부분에 집중하는 것이 더 나은 삶을 만들어 가는 방법일 것입니다.

기도는 우선, 불보살님들의 가피를 통하여 현실에서 긍정적인 면을 강화하고 부정적인 면을 씻어 내는 가장 좋은 방법이며 유일한 방법이면서 동시에 자꾸만 불행 쪽으로 기울어지려는 마음을 행복 쪽으로 방향을 돌리는 것입니다.

이렇게 기도함으로써 점점 커지는 믿음의 힘으로 불행한 현상들이 사라지고 변하여 행복의 상태로 바뀌는 것입니다. 이는 마음 상태의 변화 뿐만 아니라 현실에서 직접 일어나는 것입니다. 이러한 증거가 여기에 있으니 모두가 직접 기도하며 온 세상에 가득한 불보살님들의 가피를 직접 체험하시길 권합니다.

智觀堂에서 법안 삼가씀

목차

법안 스님과 함께 — 04

제1장 부처님은 들어주신다

김 교수님의 신앙 수증修證 — 14
수능 기도에서의 가피 — 16
간절히 원하면 이루어진다 — 18
삼수생 엄마 두손모아 합장 올립니다 — 24
화려하고 빛나지 않아도 — 27
지장보살바라기를 100일 동안 믿음의 힘으로 — 29
이젠 자녀들에 대한 집착을 놓았습니다 — 34
법안 스님 감사합니다 — 36
임용고시 합격 — 38
10대 소원문 다시 정정하며, 스님 감사합니다 — 40
기도로 바꾼 이등인생 일등인생 — 42
기도밖에 길이 없어 — 44
부처님밖에 없다는 간절한 마음 — 46
여성장군 탄생 — 48

아들 자랑하면 팔불출 — 50
꿈에 그리던 팔공산 갓바위 — 52
상상할 수 없는 일이 — 54
거듭되는 실패 속에서도 — 56
큰스님 감사합니다 — 59
부처님 감사합니다 지장보살님 감사합니다 — 61
재취업했습니다 — 64

제2장 눈물로 씨뿌린 자 웃으면서 거둔다

내 아들 돈자루 되게 해주세요 — 70
우리집 보물 지장경 — 72
류 법우의 변신은 무죄 — 74
저도 되네요 — 76
잘 살아도 된다 — 78
천천히 된다 — 80
부처님 감사합니다 — 82
지장경 천 독을 마치며 — 84

목차

지금 방향을 바꾸지 않는다면 멈출 것이다 — 86
어느새 부자가 되어 있는 나를 발견하고 — 88
기도의 놀라움을 배웁니다 — 90
법안 스님을 뵙고 — 92

제3장 상처를 말끔히 씻어주시는 부처님의 손길

기적의 약사여래불 가피 — 96
법안 스님 친견하고 바로 미움을 버리고 밥을 먹다 — 98
교통사고 후유증을 말끔히 씻어내다 — 100
암을 극복하게 해 주신 법안 스님 — 102
약사여래부처님의 수술로 유방암이 낫다 — 104
약사기도로 자궁암을 털어내다 — 105
방생수복 소원성취 — 107
태어나서 가장 잘한 것 — 109
기도가피 2탄 — 111
허리협착증 간증기 — 113
아들을 살려주신 부처님과 법안 스님 — 115

지장기도 가피, 이렇게 받았습니다 — 117
이제야 모든 게 제대로 보입니다 — 120
땅위를 걷는 게 기적이다 — 122
기도는 기적을 부른답니다 — 124
기도의 힘으로 극복한 고질병 — 128

제4장 좋아졌네, 좋아졌어, 몰라보게 좋아졌네

감사드립니다 — 132
법안 스님 고맙습니다 — 134
나 자신의 변화 — 136
진정한 행복 — 139
십 년 만에 찾은 웃음 — 141
법안 스님 가르침을 항상 따르며 — 143
요즘은 이래서 감사하고 저래서 감사합니다 — 145
결혼한 지 9년이 되었습니다 — 147
기도의 힘 — 149
지장경 100일 기도를 마치고 — 151

목차

스님의 법문은 저의 희망의 배입니다	— 153
소원성취 늦어지는 이유는 따로 있었네요~	— 155
기도와 기다림	— 157
행복과 성공의 길로	— 169
12년 만에 고국에 오다	— 173
행복한 나날들~~	— 180

제5장 기도하는 삶, 행복한 삶

자, 이제 시작이다	— 184
정말 기도 밖에는 없습니다	— 187
제2의 인생 출발	— 189
두 번째 백일기도 회향과 두 번째 재수불공	— 191
무늬만 불자에서 안심인의 불자로 다시 태어나다	— 193
남편을 포교하다	— 195
21일 지장기도와 작은 회향	— 197
실행의 힘	— 199
법안 스님께 삼배를 드리며 하루를 시작합니다	— 201

서러움	— 203
모두에게 참회드립니다	— 205
지혜와 기도의 비법	— 207
지장경 기도를 시작한 지 1년	— 209
지장경 천 독 그 이후 1년	— 213
지장경 천 독을 마무리한 후에	— 216
지장경 3천독 성취, 불보살님 감사합니다	— 220

법안 스님께서 〈걱정 말고 기도하라〉란 책에서
확신을 가지고 하신 말씀.
서문 일부를 그대로 옮겨봅니다.

"그렇게 열심히 기도했는데도 좋은 변화가 일어나지 않더란 말씀입니까? 그럴 리가 결코 없습니다. 이건 분명 기도를 제대로 하지 않았기 때문에 벌어진 일입니다. 얼른 집에 가셔서 일러드린 사항을 다시 하나하나 재점검하시고… 그러면 반드시 다 이루어집니다."

제1장
부처님은 들어주신다

- 김 교수님의 신앙 수증(修證)
- 수능 기도에서의 가피
- 간절히 원하면 이루어진다
- 삼수생 엄마 두손모아 합장 올립니다
- 화려하고 빛나지 않아도
- 지장보살바라기를 100일 동안 믿음의 힘으로
- 이젠 자녀들에 대한 집착을 놓았습니다
- 법안 스님 감사합니다
- 임용고시 합격
- 10대 소원문 다시 정정하며, 스님 감사합니다
- 기도로 바꾼 이등인생 일등인생
- 기도밖에 길이 없어
- 부처님밖에 없다는 간절한 마음
- 여성장군 탄생
- 아들 자랑하면 팔불출
- 꿈에 그리던 팔공산 갓바위
- 상상할 수 없는 일이
- 거듭되는 실패 속에서도
- 큰스님 감사합니다
- 부처님 감사합니다 지장보살님 감사합니다
- 재취업했습니다

김 교수님의
신앙 수증 修證

일요일 아침, 정말 오랜만에 김 교수님과 대화를 할 시간적 여유가 조금 있었다.

철저하게 근본불교 체계를 이해하고 거기에다가 매주 철야기도의 수행력을 쌓고 있으니 그야말로 금상첨화이다. 공학박사로 논리적 체계 바탕에 세운 근본불교 강의는 정말 독특할 뿐 아니라 감탄을 자아낸다.

이런 분이 매주 토요일 정진을 통하여 불교를 수증(修證)한 부분을 말씀하시는 것이다. 아드님은 올해 성균관대학교 현대무용 전공을 합격하였다. 부처님은 항상 가장 좋은 것을 가장 좋은 곳에서 가장 좋은 시점에 주시는 분이시다.

성균관대학교 현대무용 전공은 지방에서는 감히 바라보지 못

할 곳이란다. 그런데도 불구하고 '가'학군의 대학에 합격한 것은 전적으로 불보살님의 감응이라고 표현한다. 세상 사람들은 '정말 운 한번 기가 막히게 좋았다'고 표현하는 그것이 바로 감응이다.

그렇다. 부처님께 올리는 기도는 절대로 허송하는 것이 없다. 마치 반대 방향으로 가는 것 같이 보여도 가장 좋은 시점에, 가장 좋은 것을, 가장 좋은 장소에서 주시는 것이니 지금 당장 그 기도가 이뤄지지 않는다고 의기소침할 일이 아니다.

더욱 용기를 내어서 도전해야 한다. 부처님께서 이뤄주시지 않을 때에는 반드시 그만한 이유가 있다. 더욱 크고 아름답고 풍성한 것을 주시기 위하여 자신을 연마하기를 바라시는 깊은 뜻이 있는 것이다.

그리고 더욱 닦아서 좋은, 유익한 그릇이 되기를 강력히 바라시는 것이다. 이 순간을 순응하면서 받아들여라. 그리하며 한걸음 내디디면 바로 그 자리가 소원성취의 자리이기 때문이다.

매주 철야기도를 가장 열심히 하시는 김 교수님, 그리고 그것을 보고 나도 발심하여 더욱 열심히 정진하려고 한다. 그래서 도반이 중요한 것이 아니겠는가? 우리 속담에 '친구따라 강남간다'는 말씀이 있는데 바로 도반이 중요하다는 의미가 아니겠는가? 철야기도, 그야말로 올나이트할 벗이 있다는 것이 얼마나 행복인가? 행복하다, 나는.

수능 기도에서의 가피

금강 법우의 자녀들은 효자 효녀다.

요즘 세상에 사교육 없이 명문대에 들어갔으니 말이다.

큰 아이는 연세대 인문계열에 다니다 군대에 가 있고, 둘째 아이는 한국예술종합학교에 수시로 합격하였으니 모두가 부러워한다.

금강 법우는 기도를 아주 열심히 하는 분이다.

수능시험 날 점심시간을 이용하여 현장 근처에 있는 절에서 108배를 하였단다. 그 시간이 마침 영어시험 시간이었는데 수험생 당사자가 갑자기 졸음이 쏟아져 잠깐 졸고 나서 다시 보니 세 문제가 틀려서 정정하여 100점을 맞았단다. 몹시 졸리다가 맑은 정신으로 깨어보니 틀린 답을 찾아내었고 정정하여 100점 만점을 맞았으니 불보살님 가피가 틀림없다.

어떡할까? 어떡할까? 고민하지 말고 기도하여 보자.
자녀를 위해서 해줄 수 있는 것이 기도 외에 무엇이 있겠는가?

간절히 원하면
이루어진다

저는 지금 너무나 행복합니다.

법안 스님의 가르침에 따라 열심히 지장기도를 한 결과 정말로 많은 가피를 입었습니다.

그중에 하나로 막내아들이 서울대에 합격했습니다.

아침마다 학교에 가려고 한껏 멋을 부리며 콧노래를 흥얼거리는 아들을 볼 때마다 법안 스님을 비롯하여 부처님과 지장보살님께 얼마나 감사한지 그저 감사하고 또 감사합니다.

저는 지장기도를 하면서 많은 가피를 입었는데 아들의 대학합격 외에도 죽을 뻔한 저의 목숨을 구해주셨습니다. 가피받은 여러 이야기를 다 하자면 글이 너무 길어질 것 같아서 대입합격 얘기만 하려고 합니다.

제가 법안 스님을 친견하기 전에는 다른 큰 절에 무늬만 불자인 채로 다니다가 아들이 고3이 되면서 본격적으로 부처님을 찾게 되었습니다. 기도를 드린다며 절에 다니면서도 지금 하고 있는 기도가 제대로 된 건지 궁금도 하고 그렇다고 마땅히 물어볼 상대도 없는 관계로 여기저기 주워들은 방법으로 기도를 하고 있었습니다. 기도하면서 절을 많이 하면 소원성취가 된다고 하여 더운 여름에도 땀을 뻘뻘 흘리면서 하루에 108배 하던 절이 200배, 300배, 500배로 늘어나게 되었지요. 제대로 된 방법을 모르고 절을 한 결과, 부실한 무릎이 망가지는 바람에 할 수 없이 제 나름대로 터득한 기도에만 의존하게 되었습니다. 이때 인터넷을 통해 법안 스님을 뵈면서 안심정사를 알게 되었지요.

 법안 스님을 친견하면서, 이번 해에는 아들의 운이 좋지 않아 합격운이 보이지 않는다는 스님 말씀에 얼마나 눈물을 쏟았는지 눈물을 닦으라고 휴지를 건네주시는 스님께서도 안타까운지 저의 눈을 쳐다보지 않으셨습니다. 아들이 아무리 열심히 해도 이번 해에는 그만큼의 결과가 나오지 않을 거라는 스님 말씀에 정말 하늘이 무너지는 것 같았어요. 공부 잘하는 아들이 2학년 때 만큼 성적이 나오지 않아 고민을 하고 있었거든요.

 그렇다고 절망만 하고 있을 수가 없기에 스님께서 가르쳐주신 지장기도 방법을 따라 정말 미친 듯이 오직 지장보살님만 생각하고 기도하기로 했습니다. 천도재 접수도 하고 불경공덕회와 만선공덕회에 조금이나마 힘을 보태고 수시로 방생도 하였지요. 재수불공에도 열심히 동참했습니다. 아침잠이 많은 저에게는 너무나 힘든 기도시간이지만 오직 아들의 대학합격을 위해서 정말 굳은 결심으로 새벽에 일어나 어김없이 세시 반이 되면 일정액의 공양금을 올리고 졸리는 눈을 젖은 수건으로 비비며 지장경을 읽었습니다. '운명은 정해져 있으나 정해진 운명은 기도로써 바꿀 수 있다'는 법안 스님 법문에 힘을 내어 정말 간절히 또 간절히 지장보살님께 기도하였습니다.

더불어 이렇게 소원성취를 할 수 있도록 옆에서 조용히 격려해준 가족의 배려도 너무나 큰 힘이 되었습니다. 사실 저는 기도에만 전념하려고 아들 대학 발표날까지 남편과 각방을 썼습니다.

아들이 아빠 침대에서 같이 잠을 자고 저는 아들 침대방을 기도방으로 정하여 새벽에 기도하면서 하루종일 수시로 '지장보살' 염불을 하였지요. 남편과 그 당시 군복무 중인 큰 아들은 아무 종교도 갖고 있지 않지만 조용히 저의 기도를 도와주었습니다.

지장기도를 하면서 저는 한 달에 세 번 정도 마시던 술도 완전히 끊었고 합격 발표날까지 어떤 육식도 하지 않았으며 어패류도 먹지 않았어요.

그전부터 하던 여러 단체에 후원도 더 열심히 하였습니다.

주말을 제외한 평일에는 매일 안심정사 서울도량에서 지장보살님 전에 공양도 꾸준히 올렸으며 지장염불과 함께 108배를 하면서 오직 아들의 대학합격만 간절히 빌었습니다.

　기도하기 시작하여 일주일 쯤 되자 꿈에, 제 머리 위에서 시커먼 연기가 막 뿜어져 나왔습니다. 그리고 유명 연예인이 미용사로 나와서 많은 머리숱을 쳐야한다며 제 머리를 단정하게 다듬어 주었습니다. 그리고 조상과 관련된 꿈도 꾸고 저의 목숨을 구해주는 꿈도 계속 꿨습니다.

　지장기도에 집중하면서 염불을 꾸준히 한 지 한 달 쯤 지나자 또 다시 꿈을 꾸었는데 꿈에 법안 스님이 나타나셔서 기도하는 저에게 카드 한 장을 주셨습니다. 큰 광주리에 카드를 던져주시며 저보고 가지라고 하셨습니다. 그 카드를 받아서 뒤집어 보는 순간 '합격' 이라는 큰 글자가 보였습니다. 꿈 속에서 법안 스님께 얼마나 감사를 드렸는지 모릅니다. 저의 기도는 이 꿈을 계기로 엄청난 탄력을 받습니다.

　더 열심히, 더 간절하게, 더 정성껏 조금도 의심하지 않고 오직 지장보살님을 의지하면서 기도를 했습니다. 아이가 사탕 달라고 하듯이 지장보살님께 적극적으로 매달리라는 법안 스님의 말씀을 따라 지장보살님을 우러러 받들면서 기도드렸습니다. 정말로 매달렸어요.

　드디어 대학 면접을 보고 합격 발표날까지 보름을 남겨두게 되었습니다. 그때부터는 새벽기도를 마치고 세끼 밥먹는 시간을 제외한 나머지 시간에는 오직 지장보살님 염불만 하였습니다. 서울도량에서 저녁을 먹고 나서도 계속 지장보살님 전에서 염불을 간절히 했습니다.

그런데 정말 놀라운 일이 일어났습니다. 발표 열흘을 앞두고 그날도 법당에 앉아 염불을 하고 있는데 갑자기 장미 향기가 나기 시작했습니다. 그것도 한두 송이 장미가 아니라 마치 제가 장미꽃밭에 빠져있는 것처럼 장미 향기가 계속 났습니다. 그리고 30초 정도 향기가 났다가 다시 안 나더니 또 장미향이 났습니다. 그러기를 여러 번 반복하더니 향기가 사라졌습니다. 저는 그때 느낌이 너무 좋아서 지장보살님께 울먹거리며 감사의 기도를 드렸어요. 그 다음 날에도 장미 향기는 여전히 제 주변을 떠나지 않았습니다.

합격자 발표를 하루 앞두고 그날도 어김없이 서울도량에 나와 다른 법우님과 법당을 정리하고 있는데 드디어 아들이 합격했다고 소식을 알려왔지요. 저는 그때 소리내어 얼마나 울었는지 모릅니다. 옆에 있던 법우님들도 같이 울었습니다. 그리고 진심으로 축하해 주었습니다. 마침 서울도량에 법안 스님도 계셨는데 스님도 너무나 기뻐하시고 축하해 주셨습니다. 지금 생각해봐도 정말 꿈만 같습니다. 많은 축하 문자를 받으면서 아직도 잊혀지지 않는 한 문자가 있습니다.

무뚝뚝한 저의 남편, 잘 표현하지 않는 저의 남편, 과학적으로 증명되지 않고서는 절대로 모든 것을 믿지 않는 저의 남편이 이런 문자를 보냈네요.

"이게 다 당신 기도 덕분이구먼!!! 그 동안 고생 많았소."

또 눈물나네요.

그다음 날 토요법회에 가려고 준비하는데 저에게 남편이 아침밥은 자기가 해결할테니 얼른 법당에 가라고 하네요.

우리 법안 스님 때문에 세상 살맛납니다.

부처님 감사합니다.

지장보살님 감사합니다.

법안 스님 감사합니다.

삼수생 엄마 두손모아 합장 올립니다

안녕하세요.

우선 제 근기로 법안 스님과 인연지어 친견할 수 있었음에 새삼 감사 드립니다. 법안 스님의 생활법문 10회 방송분 '기도하는 방법'은 그야말로 저를 위한 방송이었습니다.

처음 법당에 나가서 기도할 때는 입재가 뭔지 회향이 뭔지 어떤 기도를 어떻게 하는지도 모르고 그냥 단순무식하게 부처님 발아래 엎드리기만 하면 다 들어 주실 것 같아 나름 기도를 한다고 했는데 맙소사…

TV를 다시보기를 하면서 법안 스님과 친견만 한다면 분명 뭔가 답이 있을 거라는 생각이 자꾸만 들어 친견 날짜를 잡고 기다리는데 그 시간이 너무나 길게 느껴졌습니다.

방송에서 뵙던 모습보다 환하게 미소지으시며 어떻게 알고 왔느냐고, 무슨 기도를 하고 있느냐고, 그렇게 시작된 상담에서 눈물이 나왔습니다. 진작에 한 번 재를 올렸으면 동네 잔치를 했을 건데 몰라서 이렇게 자식 앞길을 막고 있는 것을 풀어주지 못했다고 하시는데, 모든 것이 제가 부족해서 조상님께 그동안 공양도 한 번 드리지 못했다는 안타까움에 날을 받고 재를 지냈습니다.

천도재를 지내고 새벽에 꿈을 꾸었습니다. 재래식 화장실에 볼일을 보러 갔는데 그야말로 넘치기 일보 직전이었습니다. '볼일을 봐야 하나 아님 화장실을 퍼내야 하나' 그러면서 새벽 4시 알람 소리에 눈을 떠보니 꿈이었습니다.

부랴부랴 꿈 이야기를 스님께 문자로 보냈더니 스님께서는 '너무 좋은 꿈이니 걱정하지 말고 열심히 기도하라'고 하시는데 그만 목이 메어 울었습니다. 객지에서 삼수를 하는 딸에게 전화를 했더니, '엄마 이상하게 어제부터 이번에는 대학에 갈 수 있겠다는 생각이 들면서 기운이 난다'고 했습니다.

법안 스님께서는 수시에는 그냥 떨어져도 된다는 생각으로 원서를 쓰고 정시를 기다리라고 하셨는데 막상 수시 발표가 나면서 그야말로 초조하고 불안한 마음에 또 한 번 집안에 소용돌이가 몰아쳤습니다.

그동안 절에 간다고 난리를 친 게 한두 번이 아니었고 고3부터 대학에 떨어질 때마다, '니는 절에 가서 기도한다고 새벽마다 기름 태워서 절에 가더니 자식이 와 대학도 못가노' 하는데 진짜 법안 스님 말씀처럼 혼자 '아무리 용을 쓰고 기도를 한들 합심기도만 못하고 절에 가는 저에게 그동안 퍼부은 욕들이 주마등처럼 떠오르면서 그냥 스님이 정시까지 기다리라고 하더라는 말은 차마 못하고 이번 기회에 딸을 스님께 인사시켜드려야지 하고 친견하면서 스님 앞에서 우는 자식이랑 저도 울고 말았습니다.

　삼수생인 딸 때문에 어느 누구한테도 말을 못하고 애를 태우고 있었는데 발표가 아직 보름이나 남아 있는 어느 날 딸이 울면서 합격했다는 말을 하는데 믿겨지지가 않아 제 눈으로 다시 한 번 확인하고 또 확인을 했습니다.

　새벽마다 일어나 지장경을 읽으면서 온갖 망상에 이게 뭐하는 짓인가 할 때도 많았고, 법안 스님도 역시 다른 스님과 다르지 않을 거야 하는 못된 마음도 들었고, 행여나 내가 기도를 안하면 또 떨어지는 게 아닌가 하는 마음에 울며 겨자먹기로 기도를 했었는데, 합격되고 나니 너무나 많은 일들이 주마등처럼 지나갑니다. 날마다 합격증을 보면서 크게 웃는 딸의 모습을 보니 이제는 지나간 시간들이 그저 부처님과 인연지어지게 하는 과정이었나 하는 생각이 듭니다.

　법안 스님과 친견할 수 있었던 인연에 감사드립니다.

　저 이제 대학생 엄마가 되었답니다.

화려하고
빛나지 않아도

　저는 아들의 병과 대학입시를 인연으로 해서 안심정사 서울 도량에 다니게 되었습니다. 아이가 이유없이 아프고 쓰러지고 병원에서는 신경성이라고만 하고 대학입시가 코앞인데 속이 타들어 갔습니다. 어머님 권유로 법안 스님과 상담을 했지만 복력이 약해서인지 스님 말씀이 와닿지 않았고 1년을 나름대로 기도하며 버텼습니다. 이름난 여러 절을 돌아다니기도 하다가 상담 받은 지 1년 만에 울면서 다시 법안 스님께 갔습니다. 입시도 실패했고 아이는 이유없이 자꾸 쓰러졌으니까요. 법안 스님께서 천도재를 정성껏 올려주셨고 저 또한 불보살님께 매달렸습니다.
　천도재를 올리고 나서 스님께서는 아이에게, "너는 절에 오면 올수록 좋아진다" 라고 말씀해주셨고 아이와 저는 매주 토요일

법회에서 기도를 올리고 법문도 들었습니다.

처음으로 철야기도 하는 날, 기도 들어가기 전에 스님께서 말씀하시기를, "법당의 모든 불보살님께는 이름표가 있으니 염불기도 중에 다른 불보살님 쪽으로 몸이 돌아가거나하면 조용히 2층으로 가서 그 불보살님을 정근하라"고 하셨습니다.

기도도 한 지 얼마 안됐고 철야는 처음이라 그런가 보다 했는데 한 시간 조금 넘게 기도하는 중에 분명이 불이 꺼져있는데도 관세음보살님이 계신 곳이 무척 환하게 보였습니다. 그러더니 갑자기 어떤 보이지 않는 손길이 제 얼굴을 관세음보살님 쪽으로 향하게 했습니다. 설마, 난 왕초보인데 아까 말씀을 들어서 그러는구나 하면서 버텼습니다. 몇 번 얼굴을 미시더니 이번엔 몸을 확 돌리게 하셨습니다. 앉아서 넘어질 뻔하면서 알았습니다. 제게 오신 것을요. 그때 기분을 뭐라 표현 할 수 있을까요?

조용히 2층으로 올라가서 새벽까지 관세음보살님 정근을 했습니다. 당시 2층엔 천수천안 관세음보살님이 계셨는데 새벽에 안개 같은 것이 피어 오르면서 환한 미소로 응답해 주셨습니다. 아이는 병이 나아졌고 대학에도 입학했습니다.

법안 스님께서는, "기도하면 다 된다. 다 되는 것이 부처님법이다. 걱정말고 기도하라" 이렇게 말씀하십니다. 너무 너무 감사합니다.

저는 이보다 아름다운 불교를 알지 못합니다.

지장보살바라기를
100일 동안 믿음의 힘으로

아침, 아들이 현관문을 열고 나가는 시간이 7시입니다. 뒷모습이 얼마나 경쾌하던지요. 아침 여섯시가 조금 넘어 일어나 씻고 아침밥을 챙겨 먹고 학원에 나가는 시간입니다. 예전 같으면 상상도 못할 일들입니다.

우리 아들, 부모인 제가 기대가 참 많았던 아들인데 얼마 전까지만 해도 그렇게 속을 썩였습니다.

지난 날 아들은 늘 공부는 뒷전이고 게임만 하다가 출석도 제대로 하지 못하고, 기숙사에서 밥도 시간 맞춰 먹지 못하고 대충 사먹고 다녀서 얼굴은 초췌하고, 밤낮이 바뀌니 생활이 형편없는 데다가 3개월치 용돈을 보름만에 다 날려버리고, 아무나 보고 시비걸고 대들고 부수고 또 받아온 성적표는 F학점도 있었습니다. 두 마디만 하면 싸우기 일쑤였고 입에 담을 수 없는 욕설과 불평, 불만에 차마 부모에게 할 수 없는 행동까지 서슴치 않았습니다. 아들의 문제로 고민하다 법안 스님을 알게 되었습니다. 지장경을 신청하고 〈걱정말고 기도하라〉는 책도 주문하고 서울도량에 전화해서 찾아가 스님을 친견하고 재수불공을 당장 올렸습니다. 주문한 책이 도착한 날 밤에 〈걱정말고 기도하라〉를 밤 늦게까지 읽고 지장경을 조금 훑어보다가 불을 켜둔 채 잠이 들었나 봅니다.

잠결에 '쿵'도 아니고 '펑'도 아니고 '쾅'도 아닌 여러 수천 가지 소리가 한데 어우러진 소리가 커다란 굉음으로 들리기에 깜짝 놀라 벌떡 일어나 소리의 진원지를 찾아보니 지장경을 놓아둔 자리였습니다. 그렇게 큰 소리는 처음 들었습니다. '이 세상에 신비한 소리도 다 있구나' 라며 혼잣말로 중얼거리며 전 다시 잠들었습니다. 다음 날, 재수불공에 동참하면서 스님께 여쭈어보니 천상의 소리라고 하시더군요. 기도를 하기 전에 미리 신비한 체험을 한 저로서는 기도를 하지 않을 수가 없었습니다. 100일 기도를 지장보살님께 약속을 드리고 그날부터 육식과 오신채를 끊고 오로지 간절한 마음으로 인시기도는 기본이고 저녁에도 좀 일찍 퇴근한 날은 정근과 108배를 동시에 하기도 했습니다.

약사불공을 권하시기에 기대하는 심정으로 신청하게 되었지요. 게임중독인 아들이 스님을 친견한 그날로 게임을 중단하고 도서관에 가더군요. 도서관을 다녀온 아들이 게임을 그만 두기로 한 약속을 지키겠다며 그동안 누적된 게임머니를 팔아서 불사를 하고 싶다고 하더군요. 도서관에 앉아 있으니 게임머니가 생각나서 집중이 안 된다고 했습니다.

지장보살님전에 게임머니를 팔면 불사를 하겠다고 서원을 한 지 3일 만에 싸게 내 놓은 게임머니가 다 팔리더군요. 그 돈으로 아들의 이름으로 서울도량에 지장보살님 탱화불사를 했고 3년 약정으로 만선공덕회에 성금을 자동이체하기도 했답니다. 약사불공을 올리고 난 다음 날부터 아들의 손바닥이 갈라지는 피부병 같은 질병도 깨끗이 없어지는 신기한 일이 일어났습니다. 그 일로 아들은 스님을 믿고 따르게 되었고 스님께서 알려주신 대로 틈나는 대로 지장경 기도를 얼마간 하기도 했습니다.

100일 기도 중에 아들과 함께 한 것은 산신기도와 재수불공이었으며 또 방생도 몇 번 했습니다. 아들도 자신의 삶의 변화를 위해 참 무던히도 노력하고 또 노력했습니다. 바뀐 밤낮을 바꾸기란 생각처럼 쉽지가 않았지요. 어떤 때는 이틀을 잠을 자지 않고 견디기도 했고 일찍 잠들기 위해 자전거를 몇 시간씩 타기도 했지만 번번이 실패로 돌아가는 경우가 허다했습니다.

'지장보살님, 지난 날 착한 아들도 제 아들이고 지금의 못난 아들도 제 아들인데 제 인연으로 저리된 아들을 지장보살님 어찌하면 좋을까요. 모든 것을 지장보살님께 맡기겠습니다. 지장

보살님의 뜻에 따르겠습니다. 어떠한 결과도 달게 받겠습니다'

모든 것을 다 맡기겠다고 발원할 때 제 앞에 지장보살님이 육환장을 높이 드시고 보배구슬을 내 비치시는 모습을 상상으로 관할 때는 눈물이 하염없이 흘러내렸습니다. 제 업장이 녹아내리길 간절히 원하고 또 원했습니다. 그럴 때마다 내게도 따뜻이 품어주시는 불보살님께서 계신다는 생각에 '그래 불보살님을 믿고 기도해보는 거야. 될 때까지 하는 거야' 하며 결심했습니다. 내가 따뜻하게 변하고 변한 내가 될 때 아들도 느껴지지 않을까. 지장보살님께 다 맡기겠다고 발원한 날은 기도가 참 잘 되었고 집에 돌아오면 아들의 표정도 무척 밝았습니다.

아들이 변하게 된 것은 법안 스님을 친견하며 부처님 법을 만나면서부터입니다. 아들은 먼저 자신의 방을 청소하고 직장일에 바쁜 엄마를 위해 설겆이를 하고, 집 앞에 나가서 쓰레기를 줍고, 경을 읽고, 자신이 옳다고 생각했던 것을 내려 놓고, 방생을 하고, 절을 하고, 스님의 법문을 듣고, 함께 하는 친구나 동생에게 따뜻한 말을 건네고, 하는 일들이 복덕을 짓는 일이었고 이런 작은 변화들이 운명을 바꾸고 업을 녹이는 일이었습니다.

육식과 오신채를 끊으니 자비종자가 늘고 선업을 지으니 복덕종자가 늘어나니 매일매일 신나고 즐겁습니다.

스님!

지금 제 아들은 아침 일찍부터 밤 늦게까지 공부에 전념하는 젊은이로 다시 태어났습니다. 눈빛은 선해지고 말도 이쁘게 하고 여태 못한 효도 앞으로 한다 합니다. 믿어도 되겠지요?

　제 아들을 일으켜 세우는 데 큰 도움을 주신 부처님과 불보살님과 법안 스님 참 고맙습니다. 그리고 서울도량에 갈 때마다 위로해 주시고 챙겨주신 많은 법우님들 정말 감사드립니다.

　부처님 고맙습니다.

　불보살님 고맙습니다.

　법안 스님 고맙습니다.

　큰 꿈을 가진 아들이 되었습니다.

　100일 기도는 법안 스님 말씀처럼 기적을 낳습니다.

　망설이지 마시고 오늘부터 100일기도 도전해 보세요.

이젠 자녀들에 대한 집착을 놓았습니다

안심정사 부산도량에서 1월 17일에 드디어 아들, 딸과 함께 법안 스님을 친견하였습니다. 저는 요즘 세상과 아이들이 험해지는 것을 보다보니 제 아이들만은 예의 바르고 착하게 키우고 싶은 마음에 조금 엄하게 키웠습니다. 그런데 이상하게 초등학교 4학년 아들은 매를 때려도 가슴 아프고 애처로워서 매를 놓게 되는데 중학교 2학년 딸은 머리 속으로는 '이러면 안 되는데, 내가 미쳤나?' 싶을 정도로 모진 말과 함께 매를 들게 되더군요.

딸아이는 혼이 나면서까지도 시끄러운 음악을 잠들 때에도 귀에 꽂고 자는 등 정말 걱정이 되었기에 더 미웠습니다. 그런데 스님께서는 딸은 전자음악에 남다른 끼가 있다고 하셨습니다. 그리고 딸은 스님 말씀을 듣고는 자신이 생각보다 좋은 운명이니 앞으로 지장경을 정성들여 읽겠다고 하며 실천 중입니다. 저도 이제는 "걱정하지 않아도 되는 착하게 잘 성장할 아이들"이라는 스님 말씀을 믿고 친구같은 엄마가 되어서 걱정하지 않고 기도만 열심히 하고 있습니다.

전자음악에 끼가 있는 아이를 무식하게 야단쳤던 점을 딸에게 사과했습니다. 딸도 이제는 저에게 애교도 떨며 말도 많아졌습니다.

법안 스님과 인연됨을 진심으로 감사드립니다. 문 밖을 나서면 오늘 죽을지 내일 죽을지 모르는 세상을 살면서 제가 낳은 아이들만큼은 책임져야겠다는 마음에 정말 힘들었습니다. 하지만 이제는 한탄만 하던 어리석음을 법안 스님 친견으로 깨달았으니, 이제 집착은 버리고 마음 편하게 남편과 아이들과 함께 지장기도 열심히 하면서 부처님을 믿고 법안 스님을 믿겠습니다. 법안 스님으로부터 아이들도 자신의 단점과 장점 그리고 앞으로의 운명도 직접 듣고 나더니 한층 밝은 모습으로 자신감을 갖고 미래를 꿈꾸고 있습니다. 확실히 저희 가족들은 복이 많은가 봅니다. 스님 말씀 잊지 않고 동영상으로 법문 듣고 책으로 이치를 깨달아서 매일매일 지장경 열심히 독경합니다.

정말 정말 감사합니다.

법안 스님
감사합니다

저는 고3 아들이 있습니다. 자기보다 성적이 낮은 애들도 다들 은행, 공기업으로 취업이 되었는데 자기만 왜 이러는지 모르겠다고 하소연을 하는데 가슴이 무너져내립니다. 계속 아무 일 없다가 하필이면 결실을 맺어야 되는 이 시점에 자꾸 이런 일이 생겨 너무 속상하고 답답했는데 우연히 인터넷에서 '법안 스님의 행복의 길'을 듣고 눈물이 하염없이 흐르면서 '아~~' 가슴이 뻥 뚫리는 거예요.

그때부터 스님 생활법문, 지장경 법문이 내 마음을 꼭 들여다보시고 말씀하시는 것처럼 들렸습니다. 반성하고 또 반성하면서 여러 번 듣고 있지요. 불길한 생각이 들면 '잘돼, 잘돼, 정말 잘돼~~' 라는 구절을 나도 모르게 소리치게 되었구요.

법문도 듣고 좋은 구절이 있으면 우리 아들한테 문자로 보내주지요. 부처님이 너에게 더 좋은 것을 주시려고 이런 시련을 주시는 것이니 '나는 할 수 있다, 나는 된다' 라고 긍정적으로 생각하라고 말해주기도 합니다. 아들이 표현은 하지 않지만, 조금은 안정되어가는 거 같아요. 저 또한 스님 법문으로 인해서 안정을 찾고 있습니다.

정말 감사합니다. 저만의 집착에서 벗어나게 해주셔서 고맙습니다.

스님, 아직 결실을 맺지는 못했지만 꼭 잘 될 거라는 희망을 가져도 되겠지요. 스님 법문이 저 같은 고달픈 중생에게는 정말 등불입니다.

고맙습니다.

감사합니다.

열심히 기도정진하겠습니다.

임용고시 합격

요즘 저는 얼굴이 피었다는 말을 종종 듣습니다.

법안 스님을 만나고 그 어둡고 긴 터널에서 빠져 나와 광명의 빛을 보았고 이젠 꿈에도 바라던 교사의 엄마로서 이렇게 글을 올립니다.

저는 법안 스님을 뵙고 불공을 올리기로 하고 서둘러 날을 잡고 한 이틀 됐을까요. 꿈을 꾸는데 밤 하늘의 별들이 유난히 반짝이며 갖가지 모양을 만들어 가며 축제를 하는데 불꽃축제보다 훨씬 더 화려하고 황홀했습니다.

불공 올리고 이틀 뒤, 또 꿈을 꿨는데 저희집 마당에서 아나콘다만큼 커다란 구렁이 세 마리를 세 명의 할머니들이 한 마리씩 붙들고 앉아 어루만지고 있길래 제가 큰 소리로 우리집에서 먼 곳에 갖다버리라고 고함을 지르니 순식간에 사라지고 작은

뱀들과 허물도 어떤 남자가 깨끗이 치워주더군요. 그런데 어떤 포장을 들춰보니 구렁이 꼬리가 보였고 그 순간 꿈에서 깼습니다. 치우고 깼어야 하는데 하는 아쉬움이 있었지만 기도를 더욱 열심히 하라는 뜻으로 받아들이고 나태해지지 않고 열심히 기도정진했습니다.

저나 제 딸이나 기도를 하면 좋은 인연들을 많이 만난다는 것을 경험했습니다. 아이가 예닐곱 명과 스터디를 하다보니 마음고생을 한 적도 종종 있었지만 이번에는 같이 있는 것만으로도 즐거워 기분이 상승되고 좋았답니다. 3차 시험인 면접을 준비해야 하는데 두렵고 막연하던 차에 선생님께 전화 드렸더니 딸에게 직접 오라고 하시면서 바쁜 시간 쪼개어 여러 가지 다양한 자료도 구해서 주시고 말씀으로도 많은 도움을 주셔서 좋은 성적을 얻어 수석으로 합격하는 데 크게 도움이 되었습니다.

부처님 감사합니다. 법안 스님 감사합니다.

그리고 지금 고1의 담임을 맡아 정신없이 바쁜 나날을 보내며 행복하다는 우리 딸에게도 감사함을 전합니다. 빨리 합격 안 해 줘서 이 엄마가 부처님께 귀의할 수 있었다고 감사를 전합니다.

이젠 기도하면 "부처님께서는 가장 좋은 때 좋은 것으로 주신다"는 법안 스님 말씀에 확신을 갖게 되었습니다.

10대 소원문 다시 정정하며, 스님 감사합니다

법안 스님 감사합니다.

작년 5월 스님 방송을 보면서 지장기도를 시작하여 빠짐없이 매일 하고 있습니다. 작년에 기도 시작할 때 작은 딸은 생명공학 박사학위 취득이 불투명하여 힘들었는데 두 달도 안되어 학위취득 확정되고 외국 과학잡지에서 논문게재하라고 연락오고, 제약회사에 취업까지 되었습니다. 모두 법안 스님 덕분임에 항상 감사드립니다.

저희는 집안형편도 좋지 않고 저희 양가 집안에서 처음으로 박사가 나와 모두에게 기쁨을 주었어요. 저는 이제 소원표를 다시 작성해 기도를 하고 있습니다. 이제는 경제적으로도 나아지고 마음도 많이 편안해졌습니다. 열심히 살면 잘될 것 같고 이젠 희망이 보입니다. 너무나 감사합니다. 저는 법안 스님 법문 듣고 열심히 기도하면 정말 소원성취되고 어려운 상황에서도 잘될 수 있다고 믿으며 기도했습니다. 이제 다시 새로운 소원표를 작성해서 열심히 기도하고 있습니다. 감사합니다.

기도로 바꾼
이등인생 일등인생

운명은 하늘에 달린 것이 아니고 자신의 마음먹기에 달렸다.

김 법우님은 아주 신심이 돈독한 분이시다.

부인 김 여법우님이 법문을 듣기 위해 안심정사에 오시게 되면서 차츰 불교에 관심을 갖게 된 김 법우님은 안심정사에서 신도회장도 역임하고 며칠 전 불교방송국의 불교교양대학도 졸업하여 실력과 신심을 고루 갖춘 불자로 거듭났다.

두 분에게는 아드님이 둘이 있다. 큰아들은 올해 아주대학교 전체 수석졸업을 한 재동이다. 초등학교부터 항상 올백으로 기록을 세웠지만 상복이 별로 없는 편이었다. 초등학교 졸업 때는 실력은 일등이었지만 이등상을 탔다.

중학교 때에도 언제나 실력은 일등인데 졸업 때 이등상을 받아서 학교 전체가 불공평하다고 뒤집어졌다는 것이다. 고등학교 때도 수능 모의고사를 보면 한두 개 틀리는 정도의 완벽한 실력이었는데 막상 본고사에서 실수하고 말았다.

김 여법우님은 10년간 눈이 오나 비가 오나 어떠한 상황에서도 하루도 빠짐없이 기도하신 분이다. 그 기도가 드디어 이등상의 인생에서 일등상의 인생으로 바꾸었다고 나는 확신한다. 초등학교, 중학교, 고등학교를 통하여 당연히 일등상을 있어야 했는데도 밀려서 이등을 한 것은 사주상의 문제였던 것이다. 그러나 이제는 그 사주의 고리를 끊어버린 것이다.

불가의 인생론에 나와 있지 않은가? 내가 사주를 봐주는 것도 바로 이 때문이다. 운명은 도전하는 자에게 열리는 것이다. 아무것도 하지 않고 열리기 바라지 말고 10년을 하루같이 기도하는 그 마음, 그 정성으로 못 이룰 게 있을까?

지극한 정성이 바로 감응을 받은 것이다. 기뻐하는, 너무나 당연한 것이지만, 세 번이나 실패했기 때문에 더 기뻐하는 두 분 불자의 모습이 자랑스럽다.

기도의 승리가 자랑스럽다.

일등 인생!

기도밖에 길이 없어

김 법우는 지방대학을 나와서 미국에 유학을 다녀왔다.

모교에서 공대교수직을 한 명 뽑는다고 해서 응시를 하기는 했지만, 워낙 세상에 강자들이 많아서 아무런 기대도 없이 그냥 최선을 다해보기로 했다.

김 법우의 어머님이 안심정사에 찾아오셨다.

"세상에 아무런 빽도, 돈도, 비빌 언덕도 없어요. 다만, 평생 힘들게 사느라고 조상님전에 기도 한 번 올려드리지 못했는데, 스님께 조상 천도재를 부탁하고 싶습니다."

아들도 그냥 최선을 다하는 마음으로 응시하겠다는 것이었다. 불자의 정성과 법주의 법력이 함께 하면 소원을 성취하는 것이다.

기쁜 소식이 왔다.

평생 부처님 은혜, 스님 은혜, 조상님 은혜를 꼭 기억하시겠다고 한다.

믿을 것이 부처님 빼놓고 이 세상에 무엇이 있는가? 믿을 만한 것을 찾으려고 고민했다면, 나는 부처님을 믿으라고 권하고 싶다. 왜? 삼계의 대도사이시고, 사생의 자부 아니신가? 천상천하의 유아독존이신 부처님, 그분 외에 다른 무엇을 믿겠다는 것인가? 나는 오늘도 부처님을 믿는다. 날이 갈수록, 달이 갈수록, 그리고 해가 갈수록 더욱 신심이 두터워질 것이다. 믿을 만한 것, 우리를 실망시키지 않는 세상 유일의 그분, 부처님.

나는 부처님께 귀의합니다.
나는 거룩한 가르침에 귀의합니다.
나는 거룩한 제자들께 귀의합니다.

부처님 진심으로 감사드립니다.

부처님밖에 없다는
간절한 마음

　매년 군 진급 발표 때가 되면 나는 홍역을 앓는다. 안심정사가 논산에 있고, 제갈마산('제갈공명이 총사령관이고 그가 타던 말' 산이라는 이름이다)에 있다 보니 군인 신도들이 아주 많다. 삼성 장군부터 부사관까지 단일 직업으론 가장 많다. 작년에 진급한 박 장군은 부인이 안심정사에서 기도하여 장군 진급을 한 경우이다. 천주교를 다니다 개종하였으므로 아는 스님도 나 뿐이고, 아는 절도 안심정사 뿐이었다. 이런 기도를 스님들도 제일 힘들어 한다. 여러 절에 다니면 '그 절 스님도 축원하시겠지' 하는 생각에 부담이 적지만, 하지만 이 경우엔 다르다. 죽으나 사나 나 밖에 없다는데 어찌할 건가? 누구보다 열심히 기도해서 성취시켜야 한다.

　2002년 11월 17일 장군 진급하고 육군본부로 보직까지 멋지게 받았다. 그렇다. 기도가 부처님밖에 없다는 간절한 마음 절박한 심정이라면 어찌 안 되겠는가? 이뤄지면 좋고 안되면 말고가 아니고 정말 간절한 마음과 절박한 심정의 기도가 감응이 빠른 것이다.

여성장군 탄생

 독실한 불자인 이 대령이 장군으로 진급했다. 이 법우님이 간호사관학교의 교관으로 있을 적에 계룡대에 국군의 날 행사 준비하러 왔다가 대령 진급이 되었고, 나는 그때 '틀림없이 장군이 될 것'이라고 했다.
 그 당시만 해도 여성 장군은 요원한 일이고 있을 수 없는 일 같이 느껴졌는데 오늘 장군 진급 발표에 당당히 진급을 한 것이었다.
 그때 나는 마음을 넉넉하게 갖고, 진급 대상자들을 칭찬하라고 했다. 전에도 여성 장군 진급 대상자들이 있었는데 서로 자기 앞에 큰 감 놓으려고 이전투구 하다가 놓쳤기 때문이다. 이번에도 대상자들 가운데 불자들이 많았다. 그래서 서로 상대방의 자격이 훌륭하다고 칭찬하도록 권유했다. 마지막 결정은 부처님과 천명이기 때문이다.

  대한민국 국군의 건강을 책임지는 총수로서, 간호사관학교의 교장으로서 빛나는 불자가 되기를 축원한다.

아들 자랑하면
팔불출

 팔불출이라 해도 아들 자랑, 아니 부처님의 가피를 마음속에만 담아두기에는 제가 배운 공부가 너무 짧지 않나 싶어서 열어 보입니다.
 지난 몇 년간 아들이 그렇게 원하는 의학공부를 하겠다고 해서 뒷바라지 비슷하게 했는데 결과는 그리 좋지 않게 나왔지요. 아들도 저도 조금 지쳐 있었고 본인의 길은 지금 하고 있는 공부인 것 같다는 결론을 내려 다시 전공을 살려 생명공학의 길로 진로를 정했습니다. 하지만 워낙 한 길만 생각한 터라 마음이 많이 어지러웠습니다. 그래서 시작한 것이 집에서 차로 2시간 거리의 기도처에 가서 매주 토요일이면 아침부터 밤 11시까지 기도를 하는 것입니다. 벌써 시작한 지 6개월째입니다.
 예전의 체력으로 따지면 벌써 몸살이 나서 지쳤을텐데 부처님께서 돌봐주시는지 약간의 피곤만 느낄 뿐 마음과 몸은 항상 가벼웠습니다. 아들과 함께 등산을 하며 일요일에 다시 기도하고, 그러면서도 마음은 부처님께 섭섭함을 느끼기도 했지요.

아들이 원하는 길로 갈 수 있게 왜 안 도와주시냐고, 하지만 법안 스님께서 말씀하셨지요. 부처님께서 더 나은 길로 가라고 다른 길을 주실거라고. 그 말씀 정말 옳으셨습니다.

지난 토요일에는 천 배를 올렸습니다. 이왕 하는 연구의 길, 다 잘되게 해달라고. 그런데 부처님께서 들어주셨나봐요.

아들이 지금 하고 있는 연구가 보통 연구가 아니더군요. 감히 말씀을 드릴 수 없지만 나라에 큰 일을 하는 거라고 하더군요. 더군다나 그 연구 결과를 인정을 받아서 더욱더 빛을 보게 되었답니다. 이제 아들과 등산도 다니기 힘들어졌고 대화하는 시간도 짧아졌지만 마음이 이렇게 좋을 수가 없습니다. 아들도 힘들고 피곤해도 밝은 마음으로 연구에 몰두하고 있네요. 더 좋은 결과, 더 좋은 밝은 나라의 큰 힘이 되었으면 하는 바람으로 오늘도 기도에 임해봅니다. 더욱더 힘내서 열심히 기도정진 하렵니다.

꿈에 그리던
팔공산 갓바위

토요일 저녁 친구가 일요일에 갓바위 가고 싶다고 문자를 보내 왔어요.

흐드러지게 핀 코스모스 알록달록 단풍물 들기 시작하는 강산. 또 다시 가슴 설레는 가을은 오고 또 겨울이 올테지요.

친구 남편이랑 제 남편이랑 말띠로 나이가 같아요. 다행히 비슷한 시기에 두 집 다 남편이랑 냉전이라 아이들 두고 둘만이 만끽하는 갓바위 여행은 너무 행복했답니다. 지난해 법안 스님께서 안심정사 법우님들과 함께한 기도가 기억이 났습니다. 그 때만큼 기도가 잘되진 않았지만 그런대로 멋진 기도였습니다. 이렇게 마음맞는 친구랑 기도할 수 있어서 참으로 저는 행복한 사람입니다. 마치 울고싶은 저의 마음을 헤아리기라도 하듯 비가 부슬부슬 내렸습니다.

기도 중에 이상한 걸 보았습니다. 열심히 약사정근을 모시는데 아들이 왕관을 쓰고 고급 옷(과거 급제할 때 쓰고 입는)을 입고 웃으면서 턱하니 저를 보고 있는 것입니다. 제가 너무 욕심을 내어 그런 상상을 했나 싶은 생각도 해봤지만 상상은 아닌 것 같구요. 여러 차례 눈을 뜨고 감으면서 보아도 그 모습이었지요.

어제 아침엔 모처럼 쉬는 날이라 등산을 갔습니다. 관세음보살 정근을 열심히 모시면서 걸었는데 제가 걷고 있는 앞에 관세음보살님이 따라 오시는 거예요. 계속~~ 환하게 웃으시며 눈을 떠도 감아도 관세음보살님이 사라지지 않았습니다.

저는 참으로 신기했습니다.

이젠 가을입니다. 가을산이 예쁘게 물들어 가고 있습니다. 예쁜 저 산들처럼 곱게 핀 꽃들처럼 예쁘고 살고 싶습니다. 하루가 어떻게 가는지 모르게 바쁩니다. 하지만 그 와중에 정근을 노래삼아 흥얼거리면 하루가 너무 즐겁습니다. 법안 스님 감사드립니다.

스님께서 기도해 주신 덕분입니다.

아들녀석 시험성적이 너무 우수하여 매스컴 탈 것 같습니다. 덕분에 저도 유명세를 탈 것 같습니다.

비결이 다른 곳에 있는 것이 아닌데 더 열심히 기도에 박차를 가할까 합니다.

상상할 수 없는 일이

오늘 새벽은 천둥과 번개 치는 소리에 잠이 깼네요.

어젠 일본에 있는 아들이 잠시 시간을 내서 다녀갔지요.

요즘은 교토대 정식교수로 임명 받아서 일을 하다 보니 시간 낼 틈이 없어 토요일에 왔다가 일요일에 갔네요. 이 짧은 시간이지만 부모님 뵈러왔다는 소리에 '뭐 하러 바쁜 데 왔냐'는 말보다 '고맙다'고 했네요.

물론 본인의 피나는 노력도 있었지만 지금은 한국에서 들어온 이방인 교수가 아닌 당당한 일본 교토대 교수로서 차별 받지 않고 당당하게 세미나도 참석하고 회의석상에서 발언도 하고 질문도 한답니다.

상상할 수 없는 일이 모두 엄마 기도 덕분이라 하더군요. 아니죠. 이 모두가 부처님의 빽이지요. 전 알아요.

부처님의 원력은 정말 대단합니다.

* 2009년 제1회 템플스테이 때의 열 가지 기도 목표 가운데 첫번 째의 소원이었다고 합니다.

기도 중에 10가지 소원을 적었고, 그 소원들이 이뤄져 가는 과정입니다. 축하드립니다. 이 법우님은 기독교를 50년간 신앙했던 분이며, 안심정사에서 부처님께 귀의하고 남다른 독실한 정진력을 가지고 신앙생활을 하는 분입니다.

아드님은 일본 교토대학교에서 풍수재해에 대하여 박사학위를 취득하고 250대 1일의 경쟁을 통과해 모교 교수로 임용된 수재입니다.

본인의 노력으로 나라의 위상과 자신의 명성을 함께 고양시킨 이 법우님의 첫째 아드님의 앞날에 무궁한 부처님 은혜가 충만하기를 축원올립니다.

거듭되는
실패 속에서도

'거듭되는 실패 속에서도 당신이 내 손을 쥐고 있다고 감사하게 하옵소서.'

너무 좋은 말씀이다. 입시기도에 나는 정작 내 아이들을 기도 축원하는 경우가 적다. 자녀를 사랑하지 않아서 그런 것이 아니라 아마도 정신적 여유가 없어서 그럴 것이다. 스스로 잘 자라 주는 자녀들이 대견스럽고 고마울 뿐이다.

큰 딸아이가 대학에 가고 둘째 딸아이가 고등학교에 가니 아침 기상시간이 전반적으로 많이 빨라졌음을 느낀다. 셋째 중학생 아들 녀석도 요즘은 아침에 제법 잘 일어난다. 사실 가족에게 모든 것을 맡기고 정작 나 자신은 남의 자녀 축원을 하다 보니 아무래도 미안한 감이 많다. 그래서 요즘은 특별히 시간을 내어서 내 자녀들을 위한 기도도 올린다. 얼마 전부터 자녀들이 변화하기 시작하였음을 피부로 느낄 수 있다.

큰 딸아이는 유난히 자존심이 강하고 남에게 지기를 싫어하는 성격이다. 고3 때 멀리 부산의 대학에 수시모집으로 합격했는데 포기하고 재수를 하게 되었다. 그 아이가 태어난 곳은 부산이지만 서울에서 살면서 부산까지 대학을 보낸다는 게 부모로서 썩 내키지 않아서 재수를 권유했었는데 재수하는 동안 건강도 안 받쳐주고 공부하며 너무 힘들어 해서 여간 미안한 게 아니어서 그냥 부산으로 대학을 보낼 걸 하고 후회를 많이 했었다. 그러나 후회는 아무리 빨라도 결국 늦다고 했던가? 기숙학원에 생활하다가 건강 때문에 결국 집에 와서 공부하게 되었다. 힘드는 건 마찬가지이지만 엄마가 해주는 음식을 먹고 공부하는데 약간은 안심이었다. 수능시험은 썩 잘나오지는 않아 지방대라면 괜찮지만 서울에서는 약간 힘드는 점수였다. 그래서 그냥 서울에 3곳에 지원하여 합격을 기다리는 중, '가'군은 떨어지고, '나'군도 떨어지고 '다'군은 예비후보라는 것이었다.

그때의 나의 기도는 '오직 일취월장하는 성공 속에서만 당신이 자비하다고 생각지 말게 하시고 거듭되는 실패 속에서도 당신이 내 손을 쥐고 있다고 감사하게 하옵소서' 이 구절이었다. 그 상태에서 나는 감사기도를 올렸다. 내가 따로 할 기도가 없었기 때문이었다. 나에게 겸손을 가르치고, 진정한 감사를 가르쳐준 큰 딸아이. 안되면 삼수시키겠다는 감사의 기도였다.

어려우면 포기하거나 돌아서버리는 것보다는 그때에 감사기도를 올린다는 것이 중요하다. 밤 11시 넘어서 '다'군의 광운대에서 합격했으니 그 다음날까지 등록하라는 전갈이 왔다. 애들 엄마는 그 시간에 너무 기뻐서 문자메시지를 보내왔다.

모든 것을 포기하게 하시고 그 위에 축복을 부어주시는 부처님!

그리고 진정으로 감사함을 알게 하시는 자비로우신 부처님!

언제나 감사기도 올리면서 살게 하소서. 어려울 때에도, 괴로울 때에도, 슬플 때에도 더욱 감사하게, 감사기도 올리게 하소서.

나무아미타불

나무약사여래불

큰스님 감사합니다

큰스님께 감사 인사 올립니다. 드디어 저의 첫 번째 소원이 이루어졌습니다. 저희 아들이 입사시험 합격하여 다음 주부터 연수에 들어갑니다. 제가 큰스님 말씀을 따라 지장경을 독경한 지 2년 남짓 되었는데요, 큰스님을 만나기 전 제 아들은 대학 때 쌓은 수상들과 실력이 있어 자신감을 갖고 원하던 계통의 직장에 도전하였으나 마지막 3차 관문에서 번번이 고배를 마셨습니다. 그러한 실패의 시간도 2년쯤 흐르고 있었습니다 '잘되겠지' 하는 막연한 마음으로 지켜만 보고 있는 저나 가족들의 마음은 타들어 갔습니다. 그러던 중 아들은 그 계통에 계약직으로 들어갔으나 세상은 만만치 않았습니다. 어느날 아들은 제게 전화로 "다시 정규직에 도전할 것"이라며 참았던 설움에 흐느꼈습니다. 평소 성실하고 속내가 깊어 말이 없는 아들인지라 저의 마음은 더욱 아팠습니다. 무엇이든 붙잡고 싶을 만큼 절박했습니다. 뜻이 있는 곳에 길이 있다고 했지요. 불교TV에서 뵌 법안 큰스님 법문대로 무조건 '지장경 독경'을 시작했습니다. 인시에 알람이 울리면 1초의 뒤척임도 없이 벌떡 일어났고 지장경 독경을 시작하고 몇 달 되던 날, 돌아가신 부모님이 좋은 곳에 가시는 꿈과 저의 업장이 많이 소멸되는 꿈을 꾸었습니다. 그러나 지장경 독경은 열심히했지만 소원성취는 쉽지가 않았습니다. "뒤로 가는 듯~" 이란 큰스님 말씀을 되새기며 꾸준하게 묵묵히 열심히 기도에 임했습니다. 약사불공과 천도재를 지내고 나니 더 좋은 꿈을 꾸게 되더군요. 큰스님의 법력은 우리들과는 꿈부터 격이 다르다는 것을 실감하는 계기였습니다. 작년 여름엔 제 소원표의 2번인 골드미스 작은딸 결혼시키기가 성사되어 지금 결혼식을 앞두고 있습니다. 그리고 그 딸이 새해부터 재수불공 3년 자동이체 가입하니 첫 달부터 과외(승무원 면접 과외) 학생이 늘어나서 수입도 많이 늘었습니다. 요즘 저는 큰스님의 '불가사의 불가사의' 를 자주 뇌이게 됩니다. 지장경 독경과 염불로 이렇게 좋아지고 신심 또한 깊어지니 훌륭하신 큰스님 은혜에 보답하는 길은 오로지 꾸준히 이어가는 기도로 향상되는 불자가 되는 거겠지요. 제 소원표의 소원문이 바뀌어 가고 간절하게 집중하며 기도하는 법도 알게 해주신 큰스님! 너무나 존경합니다. 그리고 감사 드립니다.

부처님 감사합니다
지장보살님 감사합니다

불법승 삼보에 귀의합니다.

요즘 시국이 너무나도 어수선하여 취업 준비생이 늘어만 가는 이 어려운 시기에 큰딸이 취업을 했습니다.

큰딸이 눈높이를 낮춰서 몇 군데를 지원했는데 감사하게도 집에서 가까운 회사에는 정직원으로 합격했고, 일하기 좋고 직장 분위기도 좋은 곳은 정직원은 아니지만 돼서 두 회사를 놓고 선택하는 기쁜 일이 생겼습니다.

법안 스님의 법문을 들으면서 항상 기도했습니다. 마음이 우울하거나 힘들 때도 있었고, 기도하는 데 게으름을 피우고 싶을 때도 있었지만, 지금의 상황을 버텨낼 수 있는 것은 오직 기도 밖에 없다는 믿음으로 기도의 끈을 놓지 않았습니다. 기도만이 답이라는 것을 알면서 기도를 안 하는 것은 정말 어리석은 일이 겠지요. 꾸준히 오로지 기도하며 형편에 맞게 작든 크든 공양도 올렸어요.

작년에는 남편이 30년을 다니던 회사에서 쫓겨나다시피 나와서 가족 모두가 어려웠지만, 저는 오로지 기도에 매달렸습니다. 남편이 60이 다된 나이에 기술을 배운다고 안 쓰던 몸을 쓰면서 힘들었는지 살도 많이 빠지고 너무나도 힘들어했는데 다행하게도 남편을 오라고 하는 곳이 있어서 다시 출근하게 되었습니다. 급여는 먼저 다니던 회사보다 적었지만 남편을 필요로 하는 곳에 나가서 일할 수 있게 되어서 정말 감사할 뿐입니다. 불보살님이 저의 간절한 기도를 들어주신 겁니다.

저도 남편 퇴직으로 스트레스를 받아서인지 눈에 이상한 증상이 생겨서 안과에 가지 않을 수 없는 상태였어요. 안과에 가기 전에 불보살님께 간절한 마음으로 기도부터 했습니다. 이번에도 불보살님은 저의 기도를 들어주셨어요. 안과 의사 선생님은 큰 문제는 아니라며 1년에 한 번 정도 검사만 받으라고 하시네요. 저는 가슴을 쓸어내리며 불보살님께 감사를 드렸습니다.

작년에는 기도가 부족했는지 어려운 일이 많이 생겨 저희 가정과 저를 힘들게 시험했지만, 저는 제가 받아야 할 업보라고 생각하며 마음을 다잡았습니다. 법안 스님 법문을 들으며 기도하고, 복짓기를 게을리하지 않았습니다.

귀한 법문을 마음에 새기고 또 새기고...
오로지 꾸준히 기도하니
이렇게 소원표에 적어놓은 소원이 하나씩 이루어져 갑니다.
감사하고 또 감사드립니다.

앞으로도 더 헤쳐나가야 할 일들이 아직도 많지만 기도하면서 복을 지으면서 감로수와 같은 스님의 법문을 들으면서 오로지 꾸준히 기도하는 것도 복이 있어야 할 수 있다는 것을 깨달으면서 정진하겠습니다.

부처님 감사합니다
약사부처님 감사합니다
지장보살님 감사합니다
법안 큰스님 감사합니다.()

재취업했습니다

안녕하세요. 여연화입니다. 그동안 힘들 때마다 안심카페보며 위로받고 격려받았기에 이제 저도 글을 올려 그동안 받은 격려에 보답하고자 합니다.

제가 지난 4년간 기도하면서 받은 가피들은 대부분 크게 느껴져서 사소하다고 할 것이 없을 정도입니다. 우선 불보살님의 가피로 재취업한 글을 적어봅니다. 5년 전 저는 다니던 직장을 그만두었습니다. 회사 일이 싫어서가 아니라 제 가정이나 친정에서 저에게 너무 의지하니 힘이 들어서였습니다. 제가 직장생활을 안 하고 수입이 없으면 다들 알아서 잘 살겠지 하는 마음으로 그만두었습니다.

그러나 퇴사하고 바로 깨달았습니다. 직장을 다니는 것은 남을 위해가 아니라 나 자신을 위한 것이었다는 것을 말입니다. 당장 수입이 없어지니 아이들에게도 해주고 싶은 것도 못 해주고, 자존감도 낮아져 대화할 때도 자신감이 없어지게 되었어요. 그 영향이 아이에게도 미치게 되어 아이들도 자존감이 낮아지고 생기마저 없는 것 같았습니다. 그리고 재활 치료를 1년 넘게 받고 있던 어머니도 제가 내주는 병원비가 부담스러워 퇴원하고 집에서 생활하게 되었습니다. 몸이 마비된 어머니가 재활 치료 없이 집에 누워만 계시는데 잘 지낼 리가 없지요. 내 월급이면 어머님을 병원에 치료받게 하고도 남는데 라는 후회가 밀려왔습니다. 그냥 참고 다닐 걸 뭐가 그리 힘들다고 수입의 60%를 포기했을까, 내 마음만 바꾸면 되는데… 내 발로 회사를 나온 걸 후회하였습니다. 그러면서 점점 자신감을 잃고 있는 저를 보면서 생각했습니다. 직장을 다니는 것은 모두 저를 위한 것이지 가족 좋으라고 희생한 것이 아니라는 것을 깨달았습니다. 병원비를 내어주는 것도 내맘 편하고 싶어서이고 일하는 것도 내가 건강하고 행복하게 지내기 위해서였습니다. 내가 행복한 모습을 보여야 아이도 행복해지고, 남편 또한 같이 벌어주는 든든한 부인이 있었기에 직장일에 더 공정하고 소신껏 자신감 있게 할 수 있다는 것을 알게 되었습니다. 무엇보다 저의 자존감 회복이 시급했지요.

제가 우울하고 괴롭게 지내는 것을 안타까워하던 지인이 조심스럽게 안심정사 생활법문 CD를 주면서 들어보라 하셨습니다. 들어보니 제가 그동안 들었던 법문과는 내용이 색달랐습니다. 일주일 만에 생활법문 CD를 다 듣고, 안심정사를 네이버에 검색해서 카페에 가입하고, 지장경도 온라인 서점에 주문해서 읽기 시작했습니다.

그러자 점점 할 수 있다는 자신감이 생겼습니다. 그때는 아이들을 챙겨야 해서 저녁에 따로 시간을 내어서 강남 서울법당까지 가기에는 힘이 들었습니다. 그래서 CD에 있는 내용을 메모하며 법안 스님께서 가르쳐주시는 대로 기도를 하기 시작했습니다. 기도하며 제가 그동안 해 온 분야의 직업을 갖게 해달라고 매달렸습니다. 그렇게 3개월쯤 지나자 전혀 기대도 하지 않던 곳에서 갑자기 면접을 받으러 오라고 연락이 왔습니다. 기도하는 중이라 그런지 면접을 떨지 않고 웃으면서 봤습니다. 면접 본 바로 다음 날 합격통보를 받았습니다. 너무나 기뻤습니다.

첫 번째, 두 번째 소원인 자존감 회복과 금융회사 취직이 동시에 이루었습니다.

일주일 후에 바로 출근하였습니다. 물론 나이 40에 첫 이직이고, 전문직이 아니라서 적응하는 데 많이 힘들었지만 무조건 긍정! 할 수 있다 생각하고 적응하고 있습니다. 지장보살님께 매달린 덕분이지요. 너무나 큰 가피입니다.

재취업을 하고 나서 어머님을 다시 요양원으로 모셨습니다. 요양비 걱정을 하시는 어머니에게 이제는 자신있게 돈 걱정하지 마시라고 말씀드립니다. 돈 걱정 대신 좋은 생각만 하고, 건강하고 즐겁게 계셔주시는 것이 저를 도와주시는 거라는 제 말에 어머니는 눈물을 훔치시며 고마워하십니다. 어머니에게 늘 불만을 늘어놓던 제가 이제는 어머니를 보살피며 따듯한 대화를 나누게 되었습니다.

제가 불보살님으로부터 받은 가피에 대해 처음으로 글을 올립니다. 글재주가 없어서 상세하게 적지는 못했지만, 지금도 방황하며 고통을 받고 계신 분들에게 불보살님을 믿고 의지하며 꾸준히 기도하시라고 말씀드리고 싶습니다.

읽어주셔서 감사합니다.

답이 없다고 생각하는 한 답은 없습니다.
길이 없다고 생각하는 한 길은 없습니다.
그러나 답이 있다고 생각한다면 반드시 길이 있습니다.
길이 있다고 생각한다면 반드시 길이 있습니다.

여러분들의 마음도 몸도, 그리고 돈도 풍요롭고 여유롭기를 축원 올립니다.
여러분들 가운데 지금 소원이 있다면, 그리고 어려운 일이 있다면 지장경 독송 기도를 올려보세요. 가장 빨리 소원 성취하는 방법이 그 안에 있으니까요.

-법안 스님 법문 중-

제2장

눈물로 씨뿌린 자
웃으면서 거둔다

- 내 아들 돈자루 되게 해주세요
- 우리집 보물 지장경
- 류 법우의 변신은 무죄
- 저도 되네요
- 잘 살아도 된다
- 천천히 된다
- 부처님 감사합니다
- 지장경 천 독을 마치며
- 지금 방향을 바꾸지 않는다면 멈출 것이다
- 어느새 부자가 되어 있는 나를 발견하고
- 기도의 놀라움을 배웁니다
- 법안 스님을 뵙고

내 아들
돈자루 되게 해주세요

　백 법우는 맨손으로 서울에 올라와서 사업에 성공한 분이다. 이 분의 이야기를 듣노라면 '아하! 이렇게 사는 것이 인생이로구나'하는 생각이 든다. 남을 위하는 일이면 무엇이든지 너무 진지하게 하기 때문이다.

　20대 후반에 크게 벌었다가 거듭되는 실패로 아주 어려운 궁지에 몰렸던 백 법우는 어린 딸의 유치원비가 밀려서 유치원에 못나가게 되면서 다시 분발하게 되었고, 다시 몸으로 하는 일부터 시작하였다. 한때 잘 나갈 때 잃었던 인심 때문에 친구들이 거의 등을 돌린 상태이기도 한 어려운 상황이라 쌀집에 가서 쌀가마니 배달부터 시작하였다고 한다.

　그것을 보는 부모님의 심정은 어땠겠는가? 백 법우의 어머님은 그 아드님을 위하여 매일매일 하루도 빠짐없이 간절한 마음으로 '우리 아들 돈자루 되게 해달라'고, '돈푸대 되게 해달라'고 손이 닳도록 빌으시고 또 비셨다.

그분 어머님의 보이지 않는 기도가 또한 오늘의 그 성공한 사업가, 그리고 주위의 신망을 한몸에 받는 그런 후덕하고, 사회에 꼭 필요한 사업가로 변신하게 된 것이라고 나는 확신한다.

오늘 자녀를 위한 기도를 해보라. 잠시 잠깐이 아니라 꾸준히 10년만 해보라. 그러면 무슨 소원이든 다 이뤄졌음을 알게 될 것이다. 자식은 때로는 원수같은 생각이 들 때도 없지 않을 것이다. 그러나 그 자녀가 말 잘 듣고 뭐든 잘해보라. 당신이 기도하겠는가? 천만의 말씀이다. 그 원수같은 자녀가 바로 당신을 기도하게 하고, 부처님 만나게 만들어준 은인임을 곧 알게 될 것이다. 기도는 결국 나를 위한 것이고, 나의 영생을 위한 것 아니겠는가?

돈자루도 좋고, 훌륭한 사람도 좋고, 뭐든 사회에 공헌하면서 사는 그런 자녀가 되도록 꾸준히 십 년 만 기도해보자. 십 년이 부족하면 다시 또 십 년, 또 십 년, 아니 금생 안 태어났다고 생각하고 한 생을 푸욱 해버리든가. 처음엔 의심도 들고, 힘도 들고, 꾀도 나고, 게으름도 피우겠지만 습관이 되면 너무나 좋다. 이 길밖에 없음을 알게 되니까 말이다. 눈물로 씨뿌린 자 웃으면서 거두지 않겠는가? 그 풍요로움을 생각하여 오늘을 참고 인내하자. 그리고 기도하자.

우리집 보물
지장경

불보살님 감사합니다. 법안 스님 감사합니다.

요즘 저는 늘 행복합니다.

지장경 독송한 지 150일 만에 행복한 일이 생겼습니다. 처음 시작할 때만 해도 걱정도 많고 마음도 조급하고 불안했는데 안심정사에서 기도하면서 행복한 마음이 충만해지며 조금씩 바뀌었습니다.

법안 스님의 법문을 듣고 합심기도도 하고 철야기도, 산행기도, 방생기도 등등 하나하나 참여하면서 조금씩 변화가 오기 시작하였습니다.

남편이 건축업을 하는데 기도를 시작하기 전만 해도 일이 없어서 고민을 하였는데 지금은 공사도 계약이 되고 여기저기에서 견적 뽑아달라는 연락이 많이 오고 있답니다. 예전 같으면

견적을 뽑고 실측까지 하면서도 실제로 공사계약이 되지 않고 다 틀어졌는데 지금은 공사계약까지 그리고 공사진행까지 무사히 일이 진행되네요.

이 모든 행복이 법안 스님 덕분입니다.

스님 법문 중에 재물복은 지었을 때 온다고 하셨는데 저도 많이는 못했지만 조금씩 참여를 하다보니 이제는 기도비는 걱정하지 않아도 될 정도까지 되었습니다.

안심정사 법우님들 감사합니다.

법안 스님 감사합니다.

류 법우의
변신은 무죄

지난 토요일 대전의 류 법우가 감사기도를 올리려고 안심정사에 왔다. 소원했던 바를 바로 성취하고 너무나 기분이 좋아서 '부처님 감사합니다'를 연발할 정도였다.

류 법우는 회사에서 능력을 인정받는 분이고, 자존심과 소신도 강한 분이다. 그런데 지난 3년 동안 진급에서 누락되어 의기소침해지고 자존심이 구겨질대로 구겨진 편이었다. 법안 스님은 일단 '자기정보'인 사주를 분석하여 주고 성격의 장단점을 분석하여 고쳐야 할 점을 지적하여 주는 것이었다.

마침 류 법우가 복이 있었는지 국군간호사관학교 교장을 역임하신 이 장군님이 동석하셨다가 상사들이 보는 아랫사람 평가방법에 대하여 세심하게 조언하여 주는 것이었다. 류 법우는 자신을 변화시키기로 결심하고 그것을 직장에서 하나하나 실천하기 시작하여 드디어 4년째인 올해 과장에서 부장으로 진급하고, 바라던 현장근무까지 하게 되어 월요일부터 현장으로 부임한다고 하였다.

진정한 자존심을 세우는 법은 진급하는 것이다. 자신을 변화시키니 직장에서도 평소 능력을 인정받던 터라 금방 주위 사람들이 알아차리고 챙겨주더라는 것이었다. 몸을 숙이고 생각을 숙이면 만사가 편하다. 그리고 사는 것이 순조로운 것이다. 열등감이 강한 사람일수록 절대로 몸도 마음도 안 굽힌다. 그러다가 부러져 버리는 것이다.

숙이면 부딪히는 법이 없는 것을... 그것이 그렇게 어렵단 말인가? 숙이니 모든 것이 성취된 류 법우의 앞날에 행운과 도전의 기회가 충만하기를 축원하여 본다.

저도 되네요

지난 1년 반. 아니 거의 2년간 지독하게도 되는 일이 없었습니다. 모아놨던 돈은 말라가고, 하는 일도 되는 일도 아무것도 없었습니다. 힘들 때면 많은 사람들이 그렇듯 저 역시 점이다 사주다 이 절, 저 절 참 많이 돌아다녔습니다. 그래도 단 하나도 풀리는 일이 없었습니다. 그러다 올해 1월쯤 법안 스님의 법문 동영상을 보게 되었습니다. 지장경 독송에 대한 말씀이었는데 그때는 그냥 보고 넘겼습니다. 그러나 반년 동안 방황생활을 이어오다 올해 8월에 외할머니께서 오랜 기간 단골로 다니셨던 나이 많으신 사주 선생님이 아직 방황하는 제 얘기를 듣고 저를 찾으셨다는 겁니다. 저는 '부적이나 한장 써주려나?' 하는 마음으로 찾아갔는데 무턱대고 "지장경을 읽어보라, 나도 오랫동안 불경공부를 많이 했지만 이번에 지장경을 보고 깨달았다. 어떻게 해도 되는 일이 없을 때는 지장경을 읽어라" 라고 하시는 거예요. 2시간 넘는 거리를 찾아가서 들었던 게 단지 지장경을 읽어보라는 한마디가 끝이었습니다. 당시에는 허무했습니다. '이 얘기를 할 거면 할머니께 하지 굳이 왜 불러서 말씀을 하시지?' 라고 생각했습니다.

그래도 이것도 인연이다 싶어 인터넷으로 부지런히 지장경을 찾아봤습니다. 그러다가 우연히 법안 스님의 동영상 법문을 다시 찾았네요. 그 사주 선생님이 말씀하신 내용이 법안 스님께서 말씀하신 내용이었습니다. '아, 그 선생님도 법안 스님의 법문을 보셨구나' 라고 생각했지요. 그리고 집에서 지장경 독송을 시작했습니다.

안심정사에 신도등록도 했구요. 그리고 2달이 지난 지금, 2년간 수입이 없던 저에게 일거리가 생기고 인간관계도 회복되고 10대 소원문에 적었던 소원들이 하나, 둘 기적처럼 이루어지고 있습니다.

처음엔 '나도 될까?' 하는 마음으로 시작했지만 '이것마저 안 되면 정말 끝이다' 라는 마음으로 힘들 때마다 법안 스님의 법문을 찾아 들어가면서 용기를 가졌습니다. 그리고 내린 결론은 '나도 된다' 입니다. 그리고 법안 스님 선지식을 만나서 '불행 끝, 실패 끝, 행복시작, 성공시작'의 톨게이트를 지났다고 생각해요!

잘 살아도 된다

　십대부터 이십대 초반까지 교회를 열심히 다니며 1년 6개월이라는 시간 동안 저녁 금식과 철야기도도 해보았고, 이십대 중반부터 삼십대 후반인 지금까지는 절에 나름대로 열심히 다니며 몇 번의 백일기도와 무수히 많은 7일 혹은 21일 기도 등을 해왔습니다.
　제 나름대로 열심히 기도한다고 생각했지만, 제 마음의 어둠은 좀처럼 가라앉지도 사라지지도 않았습니다.
　물론 하는 일도 마음처럼 풀려주지 않았습니다.
　대부분의 스님들께서는 업장이 두꺼워 그렇다며 더 많이, 더 열심히 기도하라고 말씀하셨습니다. 그렇게 저는 제가 기억도 하지 못하는 업장에 눌려 어느 순간 웃지도 않고 짜증과 성을 잘내는 사람이 되어 있었습니다.

당연히 자신감도 잃어버려 소극적인 사람이 되었고 가능하면 사람을 피하게 되었습니다. 때로는 내가 도대체 전생에 무슨 업장을 지었기에 난 이렇게 힘들어야 하나, 내가 전생에 사람이라도 죽여서 이렇게 힘든 걸까 하는 생각을 하기도 했습니다.

그런데 저는 요즘 정말 잘 웃는 사람, 사람을 피하지 않는 적극적이고 활달한 사람이 되려고 노력 중입니다. 안심정사 논산 본찰에 인연이 되어 토요 재수불공을 드리고 불교근본교리 강의를 들으면서 전 오랜 시간동안 깨닫지 못했던 부처님의 가르침을 알게 되었습니다.

지난 업장보다 현재의 내가 어떠한 시간을 살아가느냐가 더 중요하다고 가르쳐 주십니다. 그러니 비록 지난 업장이 무거울지라도 지금의 내가 그로 인해 그 무게에 짓눌려 있을 필요 없다고 가르쳐 주십니다. 오히려,

'웃어도 된다'

'즐거워도 된다'

'잘 살아도 된다'

'자신감을 가져도 된다'고 가르쳐 주십니다.

어느 순간부터 입버릇처럼 이번 생은 포기했다고 말하며 지내왔는데 이제부터는 남은 저의 시간들을 정말 저를 위해 잘 살아가고 싶습니다. 많은 기도 중에 부처님의 가르침을 제대로 배우는 기도가 참으로 좋은 새벽입니다.

천천히 된다

　법안 스님의 말씀 "부처님께서는 가장 좋을 때 가장 좋은 것을 주신다"를 믿고 열심히 기도하고 있습니다.

　스님 법문을 듣고 이튿날 새벽에 기도하다가 '나도 될까?' 하는 의구심이 생겨 지장경 법문을 첫 강부터 끝까지 들으니 신심이 생기더라고요. 바로 10대소원표 출력하고 첫 날 비몽사몽 간에 지장경을 읽었습니다. 잠깐 졸았는데 여자목소리로 '그 돈 내가 다 갖고 갔다' 하는 소리가 들렸어요. 사실 결혼 18년 동안 꼭 누가 쏙쏙 빼간 것처럼 돈이 통장에 머물지를 못했습니다.

　둘째 날은 작은 소리로 '천천히 된다'. 셋째 날은 탱화가 보이면서 '하면 된다' 라는 글이 살짝 보이더군요. 저는 첨엔 제가 원하는 것부터 바랐는데 지장기도 21일 회향하면서 정말 천천히 되고 있어요.

정말 사소한 것부터 되기 시작했습니다. 아이들이 짜증이 없어지고, 밤에 악몽도 없어지고, 항상 불안하고 조바심 느끼며 살았는데 편해지고 좋은 인연이 조금씩 생겨나고 감사함이 가슴에 가득찹니다.

법안 스님 정말 감사합니다. 구태의연한 구호보다 내 일상에 변화를 주시는 스님이 이 시대에 꼭 필요한 선지식이라 가슴 깊이 새깁니다.

지장보살님 찬탄 또 찬탄합니다.

부처님 감사합니다

지장보살님 불보살님 감사합니다

법안 스님 감사드립니다

법안 스님, 감사드립니다.

불교TV에서 스님 법문을 접하고 구세주를 만난 것 같았습니다.

스님을 뵙고 두서없이 기도를 시작해서 새벽 인시에도 했다가 정 못하면 사시에도 올렸다가 저녁에도 기도를 올렸습니다. 우여곡절 끝에 108일 기도를 11월 13일 회향했습니다.

처음엔 기도에 마장인지 무엇인지는 모르겠지만 무척 힘든 일이 많이 생겼습니다. 그런 와중에도 기도를 올려서일까 마음엔 항상 지장보살님을 믿는 마음이 확실했습니다. 기도를 제대로 해야겠다 싶어 천도재도 사업자금이 쪼들려 보험금을 대출 받아 올려드리고 그리고 스님을 찾아뵙고 왜 이리 안되냐고 급한 마음에 눈물도 나고 아무튼 기도 중에 하염없이 눈물도 많이 흘렸습니다.

  그런 와중에 차츰차츰 좋은 물건이 들어오나 싶더니 전화가 안 오던 거래처에서도 전화가 오고, 제가 항상 기도 중에 마당 가득히 물건을 많이 쌓아달라고 기도드리고 좋은 물건도 많이 점지해 달라고 기도드렸습니다.

  지장보살님이 제 말을 귀담아 들으신 듯 마당 가득히 물건이 쌓인 건 물론이고 좋은 물건을 점지해주셔서 큰 돈을 벌었습니다.

  저는 앞으로도 쉬지 않고 계속 기도정진할 겁니다. 앞으로도 어려운 일이 많겠지만 불보살님의 가피력을 저는 확신합니다.

  지장보살님 감사합니다.

  법안 스님, 정말 감사드립니다.

지장경 천 독을 마치며

　안녕하세요. 캄보디아 망고댁입니다. 드디어 오늘 새벽부터 아침까지 지장경 독송 2독을 마무리하여 천 독을 완성했습니다. 기쁜 마음도 한켠에 있지만 왠지 '이제부터 시작이다'라는 설렘을 안고 제 인생의 2막을 준비하고 있습니다.
　저는 1년 전 큰 시련을 겪으면서 불법을 다시 만나고, 부처님을 만나고, 지장경을 만나고, 안심정사의 법안 스님을 만나서 얼마나 놀라운 변화가 일어났는지 모릅니다.
　1년 간 끊임없이 기도한 결과는 바로 이것입니다.
　"만약 당신에게 큰 시련이 주어졌다면, 당신은 분명히 기뻐해야 한다. 당신의 갖고 있는 복그릇이 너무 작아 그것을 깨버리고 더 큰 복을 주기 위한 부처님의 가르침이다!"
　저는 범부 중생의 고난과 어려움을 빨리 들어주시는 '지장보살'님께 매달려 보라는 여러 큰 스님들의 법문을 듣고 지장경 독송을 시작했습니다.

미친듯이 하루에 11독을 독송해도 불안하다 못해 죽을 것 같던 마음이 800독 이후에는 하루에 1독이나 2독만 해도 너무나 평안하고 고요한 마음을 느끼게 되었습니다. 삶을 괴로워했던 남편이 다시 희망을 찾기 시작했고, 우리 식구들의 단결력과 사랑은 '세계에서 최고'라고 자부합니다. 저도 모르는 사이에 법안 스님이 "만고땡"이라 불러주시니, 정말 그런 생활을 하고 있습니다. 캄보디아 망고댁은 정말 "만고땡"입니다.

얼마 전 지장경 천 독을 끝내기도 전에 법안 스님께 여쭤보았죠.

"이제 무엇을 기도할까요, 스님"

스님께서는 "지장경 독송 36개월 더 하세요"라고 답을 주셨습니다.

저는 또다시 마음을 가다듬고 지장경 천 독을 목표로 힘차게 출발합니다. 이전에 한 천 독은 순전히 부처님과 불보살님의 가피로 이루어진 것이지만, 이제는 제 스스로 더 할 수 있을 만큼 최선을 다해서 기도를 할 것입니다.

"끝까지, 될 때까지!" 무한 질주할 예정입니다.

지금 방향을 바꾸지 않는다면
멈출 것이다

지난 주 토요일 새벽에 저는 알 수 없는 힘에 이끌려 눈을 떴습니다. 일어나보니 새벽 2시 55분. 지장경을 어느 정도 읽다보니 제 업장이 참으로 무겁다는 생각이 들었습니다. 왜 그런 생각이 들었는지 잘 모르겠지만 세세생생 쌓인 업장이 참으로 크다는 생각이 드는 거예요.

지장경을 다 읽고 나니 지장보살 멸정업진언 '옴 쁘라마니 다니 사바하'가 눈에 확 들어오는 겁니다. 그래, 나의 무거운 업장을 이제 다 녹여버리자. 출근하는 40분 동안 큰소리로 '옴 쁘라마니 다니 사바하'를 외웠습니다. 그렇게 나의 하루는 시작되었습니다.

그런데 11시 40분쯤에 동료 직원이 허겁지겁 달려와 콘크리트 타설하는 스라브가 처지고 있다는 겁니다. 단숨에 달려가보니 스라브를 받치는 각재가 부러져 붕괴되기 일보직전이었어요. 인부들을 시켜 급하게 하부를 받치게 하여 일단 수습을 했습니다. 지장보살님께서 저를 보호하고 있다는 것을 저는 확신했습니다. 그렇게 3일이 지나고 본사에서 전화 한 통을 받았습니다. 용인 현장의 소장으로 내정이 되었다구요. 그 전화를 받고 생각해보니 큰 변화가 오기 전에 큰 마가 찾아와 저를 다시 한 번 시험했다는 생각이 듭니다. 그 과정을 스스로 깨닫게 한 후에야 제 그릇에 과일을 담아주지 않았을까 싶습니다.

법우님들! 기도의 가피는 보일 수도 있고 안 보일 수도 있는 것 같습니다.

저는 하루하루 살고 있는 것 자체가 부처님의 가피라 믿습니다. 이 시대가 얼마나 많은 불확실성이 지배를 하고 있는지를 생각한다면, 일상에서 발생하는 사건과 사고 속에서 오늘 하루를 무사히 보냈다면 그 자체만으로도 부처님의 가피가 없다고 말할 수 없을 것입니다.

저는 〈운명을 바꾸는 사람들〉의 글을 굉장히 좋아합니다. 법우님들의 글을 읽고 에너지와 자신감을 얻습니다. '지금 방향을 바꾸지 않는다면 당신은 지금 향하는 곳에서 멈출 것이다'란 말이 있습니다. 기도는 내 삶의 방향을 바꾸는 힘입니다.

법안 스님이 강조하신 대로 기도를 통해 법우님들의 앞날에 풍요와 번영이 기적처럼 이루어지기를 간절히 바랍니다.

어느새 부자가 되어 있는
나를 발견하고

저는 안심카페에 들러 경험담을 읽을 때마다 왜 나는 저런 가피가 없을까?라고 푸념을 했는데 지난 주 논산 본찰 철야기도, 방생기도를 다녀온 후 불현듯 스치는 생각들 '아~ 난 너무 큰 가피를 받은 참 행복한 여인이구나!' 라는 생각을 하게 되었습니다.

꼭 1년 전, 논산 본찰에서 약사기도를 올렸을 때, 법안 스님은 "그렇게 힘들어서 어떻게 살았노. 오늘 다시 태어났다 생각하고 기도 열심히 하세요" 라고 말씀하셨습니다.

직장을 다니면서 새벽지장기도 하는 건 정말 힘들지만 무슨 일이 있어도 수요일 저녁만큼은 시간을 만들자고 다짐했죠.

지나고 보니, 순간 순간 참으로 많은 걸 깨우치고, 채워주셨습니다. 어느 날 갑자기 힘들어진 환경, 남편 때문이라고 미워하고, 원망했던 그 마음들이 '아, 내 업장 때문에 저 사람이 그렇게 했을 수도 있구나' 싶었습니다.

글쎄, 내 남편이 참 불쌍해 보이고, 아이 아버지라는 사실에 그냥 감사한 마음이 생기는 이상한 현상…

큰 아이는 재수를 하면서 마음을 많이 졸이게 했지만 원하는 대학에 합격했습니다.

이젠 보시도, 봉사도 기쁜 마음으로 행하고 남을 위한 기도도 하는 여유가 생겼으니 이 얼마나 큰 성불인지요!

부처님!

불보살님!

한결같은 신심을 내게 해주신 법안 스님!

늘, 옆에서 이끌어주는 길상화 언니!

고맙습니다.

감사합니다.

기도의 놀라움을 배웁니다

일주일 휴가를 내어 논산 본찰에서 일주일 작정기도를 하였습니다.

일주일 기도를 하면서 지장경에 나온 말씀을 지켜보려고 했습니다. 날마다 새벽 3시와 저녁 7시 하루 두 번 지장경을 읽고 저녁에는 '지장보살'을 만 번씩 정근했습니다.

일주일 기도가 거의 끝나갈 쯤, 지장보살님을 만 번 부르고 일어서는데 지장보살님의 모습이 15년 가까이 연락을 끊고 사는 언니의 모습으로 너무나 포근하고 환하게 웃고 계시는 겁니다. 깜짝 놀라 앞으로 다가가 이리저리 살펴보았습니다. 분명 언니의 모습이었습니다. 저도 모르게 언니의 이름을 불러 보았습니다.

가족과 화해하고 연락하며 지내고 싶다던 내 마음속 기도에 지장보살님은 언니의 환한 미소와 따스한 모습으로 용기를 주시고 먼저 제 잘못을 돌아보게 해주심으로써 아집과 고집으로 닫혀있던 제 마음의 문을 열어주셨습니다.

그것만이 아닙니다. 일주일 기도를 하며 경제적인 어려움이 해결되기를 바라고 있었습니다. 기도 오일 째 되던 아침 몇해 전 빌려간 돈을 갚아주겠다며 먼저 연락이 왔습니다. 믿을 수가 없었지만 내게 일어난 일이니 안 믿을 수도 없었습니다. 일주일 동안 지장보살님을 열심히 불러본 것 뿐인데 정말 지금도 마음이 들떠 가라앉지 않습니다.

아이가 엄마를 소리높여 애타게 부르면 엄마는 그 아이가 어디가 아픈건지 배가 고픈지 따스한 미소로 아이를 바라보며 살펴주는 것 같이 지장보살님께서도 애타게 부르는 이를 어머니와 같은 마음으로 살펴 소원성취의 기쁨을 주시는 것 같습니다.

감사합니다.

법안 스님을 뵙고

　올해 첫 철야기도 하는 날 법안 스님을 친견했다.

　스님 말씀이 너무도 안 좋은 운에 빠져 모든 걸 다 잃을 운이라신다. 누구에게 피해주면서 손가락질 받는 일도 안 했거늘 나에게 이런 시련이 닥칠지는 정말 몰랐다. 이 어려움이 곧 지나가겠지 하면서 벌써 몇 년이 지났는데도 주변 사람들의 도움으로 그래도 지금까지 버텼는데, 스님 말씀으로는 올해가 마지막 고비인 것 같은데 정말 마지막이라서인지 더 이상은 버틸 힘이 없다. 아니 스님 말씀대로 죽는 것보다 더 힘든 것 같다. 그럼에도 불구하고 스님께서 할 수 있다고 지장경 기도를 권유하셨다. 지금 뭐든 못하겠는가. 자신있게 철야기도를 올리고 왔다. 그날은 해야한다는 생각에 무조건 앞뒤 안 가리고 기도만 했다. 문제는 집에 돌아와 정신차리고 생각하니 한없는, 뭐라 해야 하나? 온 몸의 기운이 다 빠지고 그저 어쩌다 여기까지 왔나 하는 한없는 서러움에 목이 메었다. 그저 남의 사정 봐주다 보니 내 사정이 어려워 잠시 보충하고자 했던 일이 이렇게 커져서 이 지경까지 왔다는 것이 좀처럼 믿겨지질 않았다. 과연 내가 할 수 있을까? 하는 생각도 그제서야 들었다.

해야지, 할 수 있어.

나를 위해서가 아니라 나를 도와준 주변 사람과 우리 가족들을 위해서 해야한다. 착하디 착한 신랑. 그저 뒤에서 묵묵히 지켜보면서 '이것 또한 우리 삶이다' 하면서 하루도 쉬는 날 없이 출근해도 자기 손에 넣는 월급은 하나도 없지만 그래도 휴일도 없이 출근한다. 그뿐이랴, 아들, 딸 또한 엄마 힘이 되어보겠다고 버는 족족 엄마한테 다 준다. 더 가슴 아픈 건 최전방에서 고생하면서 부사관 제대하면 모은 돈으로 뭘 해보겠다 계획 세우고 군에서 고군분투하는 아들이 엄마 도움되라고 월급까지도 다 내놓는다.

두말해 뭐하리. 이제 지장기도한 지 이틀이다. 기도를 하는데 왜 이렇게 잠이 쏟아지던지... 그래도 이기면서 지장염불 1080번까지 다 마쳤다.

부디 21일 동안 무사히 지장기도 마칠 수 있기를 기원하면서 21일 후에 스님께 희망적인 말씀을 들을 수 있기를 두 손 모아 기원해본다.

지장경 새벽기도 방법

1. 새벽 3시에 일어나서 몸과 마음을 단정히 하고 기도 준비를 합니다.

2. 집안의 깨끗하고 조용하며 적당한 장소에서 북동쪽을 향해 앉습니다. (동쪽도 괜찮지만, 화장실 방향은 피합니다.)

3. 지장경을 올려 놓은 곳을 향해 3배를 합니다.

4. 소정의 공양금을 일정한 장소에 올립니다. (기도 회향하는 날까지 매일 이렇게 공양금을 올려서 모아두고, 회향하고 나면 그 공양금을 자신의 원찰에 희사합니다.)

5. 미리 작성한 10대 소원표를 세 번 소리 내어 또박또박 읽습니다.

6. 새벽 3시 30분~5시 30분 사이에 지장경 한 번 읽습니다. (시간을 지킬 수 없는 상황에는 1품씩 끊어서 하루에 모두 읽으세요.)

7. 1독을 마치면 10대 소원표를 다시 세 번 소리 내어 또박또박 읽습니다.

8. 시간이 남으면 지장정근을 108번 또는 1080번 합니다.

9. 3배를 올리고 기도를 마칩니다.

제3장
상처를 말끔히 씻어주시는 부처님의 손길

- 기적의 약사여래불 가피
- 법안 스님 친견하고 바로 미움을 버리고 밥을 먹다
- 교통사고 후유증을 말끔히 씻어내다
- 암을 극복하게 해 주신 법안 스님
- 약사여래부처님의 수술로 유방암이 낫다
- 약사기도로 자궁암을 털어내다
- 방생수복 소원성취
- 태어나서 가장 잘한 것
- 기도가피 2탄
- 허리협착증 간증기
- 아들을 살려주신 부처님과 법안 스님
- 지장기도 가피, 이렇게 받았습니다
- 이제야 모든 게 제대로 보입니다
- 땅위를 걷는 게 기적이다
- 기도는 기적을 부른답니다
- 기도의 힘으로 극복한 고질병

기적의 약사여래불 가피

올해 2월 3일 김 부회장님의 동생이 15톤 덤프트럭에 치이는 교통사고를 당했다. 의사와 간호사는 3일 넘기기가 힘들다며 오직 신만이 운명을 안다는 말로 죽음에 대비하라고 했다.

2월 5일, 겨울 백일기도를 마치고 서울에 도착하자마자 부랴부랴 서둘러 부천 순천향병원 중환자실에 도착하니 오후 5시가 되었다.

중환자실의 면회시간은 6시부터이지만 스님에게는 특별히 면회시간에 제한을 두지 않았다. 들어가서 약 5분 정도 안수를 하니 환자가 눈을 뜨고 여태껏 없었던 상황을 약간 보이고, 이내 밤새도록 죽은 듯이 깊은 잠에 빠져버렸다.

3일간 계속 심장이 악화되어가던 것이 반전하여 몰라보게 좋아진다고 의사와 간호사가 좋아하고, 소생의 기운이 너무나 뚜

렷이 나타난다고 환호성이다.

드디어 2월 11일 중환자실에서 일반병실로 옮겨서 치료를 하고 있다.

약사여래부처님의 가피는 살아 있었다. 너무나 감격적이었고, 감사드릴 뿐이다.

나에게 임재하신 약사여래부처님.

올해 정월에는 벌써 몇 번의 기적이 일어났다. 모 법우의 자궁경부암의 치유와 봉동 법우의 중풍과 마비의 쾌차도 있었다. 말로 형언하기 힘들 정도의 기적이 일어나고 있음을 누구도 부정하지 못한다.

나무약사여래 나무약사여래 나무약사여래

법안 스님 친견하고 바로 미음을
버리고 밥을 먹다

　최 법우는 어지러워서 움직이지도 못하고 식사를 하지 못하여 2개월 만에 20여 킬로가 빠지면서 고통을 받고 있었다. 5분 이상 차를 타면 죽는 것과 같은 고통이 따랐지만. 죽기 아니면 살기로 대구에서 논산 안심정사 본찰까지 가기로 하였다. 그런데 이상한 것은 평소에 5분간만 차를 타도 어지럽고 고통이 너무 심하였는데, 논산까지 가는 3시간은 거뜬하였고, 아무런 이상이 없었다.

　법안 스님을 친견하고 약사기도와 천도불공을 일주일 후에 올리기로 하고, 다시 대구로 출발하였다. 돌아오는 길에, 배가 고파서 집에서 준비해간 미음을 먹으려니 갑자기 비린내가 나서 입에 댈 수가 없었다. 그래서 미음을 버리고, 추풍령휴게소에서 맨밥을 사먹게 되었다. 이후 일주일 사이에 밥을 잘 먹고 몸이 거의 회복된 뒤에 안심정사에 다시 가니 병이 거뜬히 나아 지금도 건강한 생활을 한다.

  약사기도와 지장천도재 날만을 잡았는데도 그 자리에서 나아 버리는 기적이 일어난 것이다.

교통사고 후유증을
말끔히 씻어내다

 부천의 박 법우는 일 년 전에 19톤 트럭과 충돌하는 교통사고로 1년 넘게 병원에서 입원해서 허리수술을 여러 번 하는 고통을 당하고 있었다. 그러던 중 우연히 안심정사 소문을 듣고 기도하게 되었다.
 지난 7월 말부터 8월 3일까지 일주일간 안심정사에 머물면서 기도를 올리는데 오래 앉아있을 수도 없고, 앉았다 일어섰다 하는 것도 불가능한 상태였다.
 8월 3일, 일주일 기도를 마치고 부천 집으로 돌아가기 전에 앉았다 일어섰다 하기도 불편한 몸으로 절을 40번이나 하였다. 그리고 나서는 집에 돌아가서 1년 몇 개월 만에 처음으로 운전을 3시간이나 했다. 1년 넘도록 거동도 불편하고 활동을 거의 못하는 상태였는데 기도를 통하여 소생하게 된 것이다. 신도님들 앞에서 간증도 하였다.
 그렇다. 안심정사는 현전가피가 유난히 빠르게 일어나는 절이다. 토요일 철야기도에 동참하기를 많은 불자들에게 권유해 본다. 와서 보라. 그러면 체험할 수 있다.

암을 극복하게 해 주신
법안 스님

삼보에 귀의하옵고,

흔히 '불치의 병'이라고 하는 암을 극복한 체험을 이야기하기 전에 먼저 부처님과 법안 스님께 두 손 모아 감사를 올립니다. 또한 저처럼 큰 병으로 고통을 받는 법우님이 계신다면 빠른 쾌유를 진심으로 기원하며, 이 글이 도움이 되었으면 합니다.

저는 작년 2월 말경에 식도암 말기 판정을 받았습니다. 처음에는 수술만 하면 되겠지 하고 수술 받을 준비를 하고 소지품을 챙겨 서울로 갔습니다. 그러나 병원에서는 이미 암세포가 대장, 임파선, 뼈 등으로 전이가 많이 되어 수술은 불가능하며, 항암주사와 약물 치료만 가능하다고 했습니다. 죽음이 먼 일이 아니라 바로 눈 앞에 다가온 것 같았습니다. 집사람과 대학교에 막 입학한 큰 딸과 고2가 되는 철부지 작은 딸은 하염없이 울기만 했습니다.

이때 생각난 분이 법안 스님이었습니다.

스님을 친견하자 스님께서는 암(癌)이라는 한자를 설명하시면서, "사실 암은 아무것도 아니다. 암이 오게 된 원인을 찾아내면 된다. 완치될 수 있다. 기도 열심히 하라"고 하셨습니다. 이 말씀을 듣고 나을 수 있다는 확실한 믿음이 생겼으며 또한 엄청난 용기와 희망을 가지게 되었습니다.

법안 스님을 친견하고 나서 바로 약사불공을 신청하였으며, 한 달 후에 약사불공을 올렸습니다. 약사불공 후 만나는 사람마다 얼굴이 좋아졌다고 하는 말을 듣게 되었으며, 병원에서도 의사선생님과 상담할 때마다 좋아지고 있다는 말을 듣게 되었습니다.

오직 부처님과 법안 스님을 찾은 것 뿐이었습니다.

"축하합니다. CT와 X-Ray상으로는 암세포가 없어졌습니다. 육안으로 보이는 것은 없습니다. 앞으로는 8주에 한 번씩 검사만 받게 됩니다."

지금은 회사에 복직할 날을 기다리며, 이전보다 더 열심히 기도 정진하고 있습니다. 부처님, 법안 스님 감사합니다! 저에게도 기적이란 게 있군요. 기적은 남의 이야기인 줄로만 알고 있었는데…

약사여래부처님의 수술로
유방암이 낫다

부산에 사는 김 법우는 유방암으로 몹시 고통스런 날을 보내고 있었다. 매주 금요일에 하던 철야기도를 올리던 중 깜빡 잠이 들었는데, 약사여래부처님께서 김 법우의 젖가슴을 드러내놓고 수술을 하시는 것이었다. 유방을 가르고는 실타래와 같기도 하고 스티로폼 같기도 한 것을 끄집어내시는 것이었다. 비몽사몽간의 일이었다. 그렇게 하루 저녁에 두 번이나 꿈속에서 수술을 받았다.

아침 공양시간에 법안 스님께 말씀드리니 하루 더 기도하라고 하시는 것이었다. 토요일 밤에도 똑같이 기도 도중에 다시 약사여래부처님의 수술을 받고 나니 그 뒤로 통증도 없을 뿐 아니라, 정상적인 생활을 하고 있다. 많은 신도님들이 기도 중에 수술을 받거나 약을 받아먹는 경우가 많다. 신기하고 신기한 일이다.

약사기도로
자궁암을 털어내다

대전의 이 법우는 갑자기 몸이 안 좋아 병원에 가보니 자궁암이라는 것이었다. 그러던 중 안심정사에 와서 약사불공을 올리고, 기도를 하였다. 기도를 마치고 대전 을지병원에 가서 검사를 해본 결과 아무 이상이 없다는 것이었다. 지금까지 약 2년이 다돼가고 있지만 아무런 이상이 없다.

안심정사 법당에서 약사여래 정근을 하던 중 갑자기 소변을 보는데 소독냄새와 알콜냄새 같은 각종 약 냄새가 진동하더라는 것이었다.

이런 일을 경험한 후 아무런 이상이 없다. 또한 친정아버지가 심장수술 날짜를 잡아놓고 법안 스님께 여쭈니 심장은 아무런 이상이 없고 신장(콩팥)이 이상이 있다는 것이었다. 의사는 진단대로 심장수술을 한 뒤 아주 잘되었다고 하는데 소변을 못 보는 것이었다. 그때서야 스님의 판단이 옳았다는 걸 알았다. 그 뒤 아주 심하게 아파서 중환자실에 있는 친정아버지를 위하여 약사불공을 올린 날 친정아버지는 일어났다. 기도, 영적체험과 약사기도의 효험이 바로 이런 것이다.

방생수복 소원성취

"코 앞에 물이 차는 줄도 모르고…"

제가 지장경을 독송한 지도 어느덧 2년이 되고 있습니다.

정월방생을 다녀온 후 가게 앞에 서있는데 커다란 검은 구렁이가 머리 모양은 세모이며 색은 파란색을 띄고 있었으며 눈은 번쩍번쩍 이리저리 움직임이 번개와 같았으며 보도 블럭을 뚫고 나오기도 했습니다. 그때 까만 사람이 나타나더니 구렁이를 긴 장대에 둘둘 말아 메고 창고로 향하면서 "걱정마라 내가 술을 담그던지 물에 던지던지 꼼짝못하게 할 테니…" 하면서 사라졌어요.

그날 점심때쯤 갑자기 눈앞에 하얀 물체가 보이더니 오른쪽 머리가 송곳으로 찌르듯이 찌릿찌릿하며 시야가 흐려졌고 모든 물체가 붕붕 떠보이는 것이었어요. 허겁지겁 병원에 도착하니 혈압이 197까지 오르는 아주 위급한 상황이 벌어지고 5일 입원 치료를 받고 퇴원을 했으나 힘이 없고 머리가 어지러워 걷는 것도 힘들고 말도 많이 할 수 없었습니다.

지난 12월에 법안 스님께서 "풍맞는다고, 2년 전에 들어와 있다"고 하신 말씀이 생각이 나서 염치불구하고 스님께 도움을 청하였더니 방생을 잘다녀와서 크게 맞을 것을 조금 맞았구나… 하시면서 방편을 알려주시면서 기도 끊지 말고 용기내고 기운내서 멋지게 해내라고 하시는 말씀에 목이 메었습니다.

하루에 지장경을 한 장도 읽을 수 없는 상황에서도 하루도 빼놓지 않고 한 글귀라도 읽었습니다. 그리고 죽을 힘을 다해 안심정사를 세 번 다녀왔습니다.

지금은 한방치료 받으면서 혈압도 정상으로 돌아왔으며 힘겹게 운영하던 기계도 정리가 잘 되었으며 흑백으로만 보이던 사물들이 칼라의 천연색으로 아름답게만 보입니다.

저는 몰랐습니다. 제 앞에 이런 큰 장애물이 있었다는 것을요. 그리고 저도 모르게 조금씩 조금씩 저의 업장이 녹고 있었다는 것을요.

부처님 감사합니다. 법안 스님 감사합니다. 고맙습니다.

위로는 부처님의 가르치심과 힘에 의지하고, 아래로는 보살 자비를 이행하는 그런 사람으로 거듭 태어날 수 있도록 항상 자비로 보살펴 주시옵소서.

태어나서
가장 잘한 것

처음 불교를 접하고 법안 스님과 인연을 맺은 지 만 삼 년이 지났습니다.

기도를 알게 되고 기적과도 같은 일들을 경험하고 거짓말과 같이 많은 소원을 성취하게 되었습니다. 그리고 지난 3월 서울 안심정사에서 친정엄마의 건강을 기원하는 약사불공을 올렸습니다.

엄마는 평상시 한쪽 눈은 감고 계셨고 (실명) 우울증에 불면증 등 그 밖에도 여러 가지 심한 증상들을 겪으셨습니다. 병원도 여주, 이천, 서울에 있는 큰 병원까지 다녀보았지만 별다른 차도가 없는 상태였습니다. 그런데 기적과도 같은 일이 일어났습니다. 거의 누워만 계시던 엄마가 불공 다음날부터 (꽃샘추위로 눈이 펑펑내리던 날) 경로당에 출퇴근하시고 미용실을 다녀오시는 등 달라지셨습니다. 불공 후 일주일이 지나 엄마를 보니 눈을 뜨고 계시는 시간이 많았습니다. 늘 한쪽 눈은 감고 계신 엄마를 보다가 두 눈을 뜨고 계신 엄마는 낯설은 모습이었습니다.

그동안 안보이던 눈이 조금씩 보이기 시작했다는 말씀을 듣는 순간 고마움에 목이 메어왔습니다.

뿐만 아니라 저희 가족은 약 봉지를 쌓아놓고 살았습니다. 특별한 병은 없지만 잔병치레로 연 400~500만 원 정도 의료비가 나왔습니다. 언제부턴가 약봉지가 하나하나 사라지더니 작년 소득 공제시 세 식구 의료비가 십오만 원 나왔습니다. '부처님은 가장 적당한 때에 가장 좋은 것을 주신다' 는 스님 말씀 절실히 경험하고 있습니다.

요즘은 좋은 일들이 봇물 터지듯 합니다. 조금은 서로 바쁘다는 핑계로 외면하고 살던 부모, 형제, 자매가 좋은 인연으로 자주 만나 돈독한 우애를 나누고 있습니다.

이젠 소원표의 많은 것들이 성취되면서 새로운 소원을 세웠습니다. 새로운 희망을 꿈꾸며 새로운 소원성취에 도전합니다.

제가 태어나 가장 잘한 것이 부처님 법과 법안 스님을 만난 것입니다.

저에게 희망을 주시는 부처님 감사합니다. 그리고 좋은 인연으로 많은 도움을 주고 계시는 법안 스님 정말 정말 감사합니다. 많은 법우님과 사랑하는 나의 가족들에게도 감사드립니다.

기도가피 2탄

저희 친정엄마 눈의 고통이 사라진 약사부처님의 가피에 이어 또 한 번의 가피에 감사드리며 이 글을 올립니다.

연세가 79세나 되시니 이제 몸의 이곳 저곳이 성한 곳이 없지요. 그러다 보니 경추3, 4번에 디스크 협착으로 신경을 보호하고 있는 공간이 좁아져 고통이 이만저만이 아니었답니다. 당뇨가 심하여 심장수술을 하셨고 지난해에는 혈관에 스텐 삽입을 하셨지요. 수술이 매우 어렵다 하시더군요. 그래서 부처님께 매달리는 방법 밖에 없으니 엄마께 기도를 하시라 하였지요.

새벽 2시반이면 일어나셔서 지장경을 읽으시고 수요일마다 동생과 함께 기도를 하면서도 엄마는 "나는 왜 기도를 해도 안 이루어질까" 하셨었지요. 그럴 때마다 굳게 믿는 마음으로 기도를 하시라 했습니다. 지난 수요일 논산 안심정사 2층 법당 약사

부처님 앞에서 한 시간 약사정근을 하시던 중 뒷목이 뜨거워지면서 이루 말할 수 없는 통증으로 눈물을 흘리셨답니다.

기도를 끝내고 내려오셔서 스님께 너무 아프다고 하니 만져주시며 수술을 받으신 거 같다고 하셨답니다. 그리고 저녁 재수불공까지 마치고 집에 돌아와 새벽에 지장기도를 하려고 앉았는데 허리가 하나도 안 아프시더라고 전화를 하셨어요. 그전에는 허리가 너무 아파 몸을 가누기조차 어려웠답니다.

봉정암에 가는 저에게 잘다녀오라는 말씀과 함께 나도 기도하니 이루어진다고 하시더군요. 우리 엄마 살아 오면서 부처님 기도 참 많이 하셨지요. 그러나 당신을 위한 기도는 이번이 처음이셨어요. 항상 남편과 자식이 우선이었고 몸이 부서저라 절하고 기도하셨어요.

이제 엄마 자신의 건강을 위한 기도를 해서 많이 아프신 몸 건강을 되찾았으면 합니다.

하나 하나 치료해주시는 불보살님과 부모처럼 돌봐주시는 법안 스님께 감사드립니다.

허리협착증 간증기

대전에 살고 있는 신도입니다. 지난 3월 친정어머니께서 갑자기 허리가 아프시다면서 밤잠을 못 주무셨습니다. 정형외과에서 정밀검사를 받았는데 척추협착이라는 진단이 나왔습니다.

연세가 많으셔서 수술은 불가능하므로 물리치료하고 약을 복용하면서 통증을 줄이는 방법 밖에 없다고 의사선생님이 말했습니다. 3일 정도 다녔지만 약기운이 떨어지면 통증이 심하고 누워 주무시지도 못해 큰 쿠션을 안고 앉아서 주무셨습니다.

의사선생님과 상담하니 약을 더 강하게 처방하고 앞으로 점차적으로 약의 강도가 세질 것이라고 했습니다. 마침 제부의 동생 남편이 정형외과의사라 MRI를 찍은 CD를 보내서 확인한 결과 수술은 불가능하고 통증을 없애는 방법은 척추에서 눌려 통증이 오는 신경을 죽이는 시술 뿐이었습니다.

하루는 어머니를 안심정사 일요법회에 모시고 갔습니다. 법안 스님 말씀이 연세가 있어 어쩔 수 없으니 약사여래불을 열심히 찾으라 하셨습니다.

어머니는 처음 듣는 부처님 명호라 자꾸 잊어버리시고는 되묻곤 하였습니다. 그래서 컴퓨터에서 안심정사 홈페이지에 들어가 스님의 약사여래염불을 계속 틀어놓고 따라하실 수 있게 하였습니다.

어머니는 약사여래불을 열심히 찾기 시작하셨습니다. 그러면서 통증은 믿지 못할 만큼 눈에 띄게 줄어들게 되었습니다. 먹는 약도 다 떨어졌고 병원도 다시 가지 않았지만 예전처럼 정상으로 돌아오게 되었습니다. 신경치료가 아니고서는 절대 통증이 가실 수 없다고 한 의사도 놀라움을 금치 못했습니다. 어떻게 이렇게 좋아질 수가 있냐고.

통증이 다 가신 후, 어머니는 안심정사 일요법회를 열심히 다니시고 계십니다.

법안 스님 감사합니다.

아들을 살려주신
부처님과 법안 스님

고맙습니다. 감사합니다.

생각할 수도 없는 일을 당할 뻔했습니다.

뉴욕에서 공부하고 있는 아들녀석이 어제 아침에 전화로 하는 말이 도서관에서 친구약속이 있어 나갔다가, 스페인계 흑인 2명이 아들녀석을 보자 칼로 위협하며 돈을 요구하였답니다.

아들녀석이 이 칼 치우라고 하니까 그 흑인이 하는 말이 "이게 칼이야, 이걸로 너를 상처 낼 수도 있어" 하면서 아들에게 계속 돈을 요구했고, 아들녀석이 "돈 없다. 이곳에는 경찰이 항상 순회하고 있다. 빨리 가" 라고 하니 다른 한 흑인이 총을 아들 배에 겨누었답니다. 그래도 아들은 어디서 용기가 났는지 "경찰에게 잡히기 전에 빨리 가라" 라고 하니 흑인 2명은 그냥 갔다고 합니다.

이 말을 듣는 순간 그저 부처님 감사합니다. 고맙습니다. 우리 아들 살려주셔서 감사합니다. 고맙습니다. 이 말 이외에는 할 말이 없었습니다.

　아들에게 "어떻게 그런 용기가 났어?" 하니 "부처님 계시잖아, 엄마가 매일 하루도 빼지 않고 새벽기도하니까 부처님께서 보호해 주신 거잖아" 하더라구요.

　아들의 학교는 뉴욕 중심가에 있으며 시간도 오후 3시경이었다고 합니다. 그 시간에 저는 새벽기도를 하고 있었습니다.

　오늘 새벽기도 중 "감사합니다. 고맙습니다."가 절로 나오며 하염없이 흐르는 눈물은 그칠 줄 몰랐습니다.

지장기도 가피,
이렇게 받았습니다

법우 여러분 안녕하세요.

혹여, 길고 먼 기도 중에 지치고 힘든 분이 계시거나, 기도를 미루고 계신 분에게 정진의 작은 계기가 될까하여 제가 받은 가피를 올립니다.

저는 작년 봄에 직장에서 승진문제를 상의드리고자 법안 스님을 뵙고 왔습니다. 지장경 49번을 읽으라는 스님의 말씀을 듣고, 지장경 책과 염주, 연꽃걸이 등 푸짐한 선물을 받고 돌아왔으나, 막상 새벽 4시에 일어나 지장경을 읽으려고 하니, 새벽잠이 유난히 많은 저로서는 불가능한 일처럼 생각되었습니다.

이 핑계 저 핑계로 기도를 미루다, 작년 10월부터 기도를 시작하였으나, 작심삼일이라고, 잠의 마장을 도저히 견뎌낼 수 없어 다시 포기하고 다시 시작하기를 수없이 하다가 드디어, 크게 마음먹고, 정확히 새벽 4시 20분에 알람을 맞춰놓고 21일기도를 연달아 하여 지금까지 계속하고 있습니다.

그러다가 이번 3월에는 드디어 직장에서 저와 경쟁상대들인 남자직원들을 따돌리고 승진하였고, 그 과정을 보면 참으로 뭔지 모를 어떤 힘을 느낄 정도로 저를 도와주는 사람이 많았고, 생면부지의 사람들까지 저를 도와주는 인연이 참으로 신기하였습니다. 그동안은 완전히 제 것이 된 것 같은 승진의 기회도 몇 번이나 빼앗겨 고통받으며 지냈습니다.

또 저에게는 아들과 딸이 있는데, 아들은 몇 년째 코피를 매일 쏟아서 너무나 고생을 하였고, 병원, 한약방에도 두루 찾아다녔으나 약 먹을 때만 멈추고 다 먹고나면 다시 재발하였습니다. 10대 소원표에 아들의 코피를 완치시켜달라고 하였습니다. 발원하고 며칠 만에 아들의 코피가 멈추어 지금까지 단 한 번도 재발하지 않았습니다.

또, 제 딸은 이제 초등 6학년인데 아주 어릴 때부터 편두통이 너무 심하여 학교에서 토하기 일쑤고, 편두통이 일어나면 아무 것도 하지 못하고 울기만 할 뿐이었습니다. 제 딸아이의 편두통을 낫게 해달라고 소원표에 적고는 열심히 기도하였습니다. 제 딸도 단 며칠만에 증상이 사라졌습니다.

저는 기도시작 전에 천원짜리 신권 지폐 한장씩을 보시하고, 소원표를 읽은 다음 기도를 시작합니다. 소원표에 적힌 소원은 부처님께서, 지장보살님께서 들어주기 쉬운 것부터 들어주시는 것 같습니다. 기도는 믿음이 바탕이 되어야 합니다. 바위처럼 굳은 믿음으로 지극히 기도하면 모든 것을 이뤄주시고 열어주십니다.

　법안 스님, 감사드립니다.
　법우 여러분, 열심히 기도하여 더 멋진 인생을 만들어가시길 기원합니다.

이제야 모든 게
제대로 보입니다

급하게 날 잡아 약사여래불공 올린 불자예요.

법안 스님 정말 감사합니다. 너무 기쁘고, 감사하고, 좋아서, 눈물이 납니다.

스님 친견하는 날로부터 적어볼게요.

고2인 아들이 몇 년 전부터 귀에서 자꾸 누가 말을 하고 명령을 내린다고 했습니다. 스님과 인연되어서 친견하기로 한 날 아침 일찍 서두르는데 아들이 귀에서 못가게 한다고 드러눕는 걸 간신히 달래서 스님을 친견했습니다.

스님께서는 아이가 아픈 거라고 하시며 아픈 게 나으면 학교도 잘가고, 친구들과도 봉사활동하면서 잘하니 약사불공을 아이에게 선물하라고 하셨습니다. 여러 가지 경제사정 때문에 고민하며 집에 오니 아이가 힘들어하더니 다음날 아침, 아이가 아예 일어나지 못했습니다.

　안심정사로 전화하니 아이가 복이 있는지 빨리 날짜가 잡혔다고 했습니다. 이틀 간 힘들어 하던 아이는 논산 가는 날도 못 가겠다고 하며 괴로워했습니다. 불공을 마치고 집에 도착하니 아이가 괜찮다고 했습니다.

　아침마다 가슴 졸였는데 잘 자긴 했는데 조금은 힘들어 했습니다. 저녁에는 하루종일 좋았다고 하더니 잠도 잘자고 게임에 푹 빠져 있었습니다. 스님을 친견했을 때 '예외는 한 번도 없었다'는 말씀만 되뇌이며 믿고 신심으로 믿어야 된다는 법문으로 또 믿었습니다. 저의 새벽 지장기도는 계속되고 있습니다.

　아들 모습이 지장경 6품 11장 6번째 줄과 똑 같았죠.

　눈물이 납니다.

땅위를 걷는 게 기적이다

저는 처음 암이라는 소리를 들었을 때는 '제대로 한 것도 없는데…' 하는 마음이 들면서 울컥하는 서러움이 잠시 몰려왔습니다. 결과를 기다리면서 검사하는 도중에 문득문득 혹시나 하는 두려운 마음이 몰려올 때가 있었는데 그때 법안 스님이 쓰신 〈걱정말고 기도하라〉는 책 제목이 눈에 들어왔고 '그래 걱정할 게 아니고 기도를 해야겠다'는 생각이 들더군요.

지장경을 가방에 늘 가지고 다니면서 맘이 흔들리면 읽었습니다. 그러나 막판엔 다급해지니까 글도 안들어오고 그때 느꼈어요. 평소에 한 기도 힘으로 가는 거구나…

평소에 아무 것도 안하고 있었다면 암 자체보다 그 두려움과 절망감에 흔들리는 맘을 추스르지 못하고 주위 사람에게 상처를 주고 있지 않았을까 하는 생각도 듭니다.

저는 이번 일로 제 인생을 다시 돌아볼 수 있는 좋은 계기가 되었습니다. 자신을 방치하는 것도 죄라는 얘길 어디서 들은 것 같은데 저도 제 자신을 많이 방치하고 산 것 같네요. 물 위를 걷는 게 기적이 아니라 땅 위를 걷는 게 기적이라고 불교방송 라디오에서 들려옵니다.

기적인 줄 모르고 살았네요.

모두 감사합니다.

기도는 기적을 부른답니다

　이 아름다운 계절에 지장경을 독송하며 사랑하는 법우님들께 이 글을 올립니다.
　저는 2010년 가을 쯤에 안심정사 일요법회가 생방송이 된다는 것을 지인으로부터 듣고 알게 되었습니다. 이후 매주 일요일마다 법안 스님 법문을 들으며 제가 알고 싶었던 불교의 진리를 깨우치며 크게 환희심을 느끼고 있습니다.
　지장경 독송을 권유받았음에도 멈칫하였던 것은 지장보살 주력을 하면 왠지 모를 힘든 일들이 생긴다고 해서 겁이 났기 때문이지요.
　주력과 독송은 좀 다르리라 생각하며 특별한 각오로 시작하여 한 달 정도 되었을 무렵 왠지 가슴에서 아픈 덩어리가 치밀어 오르고 하염없는 눈물이 쏟아져 내렸으며 목이 메어 울 때도 있었습니다. 꿈에서는 옷을 바꾸어 입기도 하고, 깨끗한 우물에서 깨끗이 세탁된 옷들을 수없이 건져 내기도 했습니다.

5년 전 애들 아빠가 뇌경색으로 쓰러진 후 저희 가정은 깜깜한 벽에 부딪혀 힘겹게 살아야만 했습니다. 대학에 다니는 두 아들이 저를 지탱하는 버팀목이 되어 주었으며 낮이나 밤이나 마음 졸이며 가장의 역할을 하다보니 이 가장의 자리라는 것이 왜 그리도 힘겹고 힘겹던지…

걷지도 못하는 사람을 회복시켜 놓고보니 삶의 무게가 기다리고 있었어요. 갈 곳도 없으면서 그냥 다 내려놓고 도망치고 싶을 때도 있었답니다.

애들 아빠는 뇌병변 장애 5급 판정!

혈압, 당뇨, 비뇨기과, 안과, 신경과, 신경정신과, 치과 등등… 복용하는 약을 세어보니 하루 23알이었습니다. 아무리 약을 먹어도 애들 아빠는 온몸이 쇠약해지고 합병증은 자꾸 생겼습니다.

하나 좋은 일이든 나쁜 일이든 내 것이 아니면 오지 않는다는 부처님의 가르침이 있었기에 저의 업장이 두터워 이런 시련이 있을 수 있다 싶어 불경공덕회에 등록하고 친한 분들께 등록하도록 권하기도 했지요.

일요법문을 들으면 애들 아빠에게 이야기 해주고 50독 가량 했을 무렵, 애들 아빠가 "나 몸이 많이 좋아진 것 같아! 지장경만 독송하였는데도 건강이 좋아 질 수 있나? 그냥 느낌이겠지?"

의아해하면서도 힘이 생겨서 더욱 열심히 하였고 법안 스님께서 말씀하신 '변화'가 일어나고 있음을 직감했습니다.

스님께서는 "자기가 한 것만큼 받는 거다"라 하시며 같이 한 번 왔다 가라시더군요. 차일피일 미루다 어느 날 새벽 목탁소리가 나서 보니 안심정사 대웅전 앞에 서있었답니다. 대웅전 문이 빼시시 열리더니 비로자나불 부처님께서 내다보시는 거예요. 순간 합장하고 서 있는데 대웅전으로 빨리 오라고 하시는 겁니다.

꿈도 너무나 신비하였어요. 같은 시간에 애들 아빠도 꿈을 꾸었는데 제가 당장 일어나 따라 나서라면서 아프다면서 잠만자느냐며 호통을 치더랍니다. 나중에 애들 아빠한테 이야기 들었습니다. 오늘 안 가면 죽을 것만 같았다면서.

그날 오후에 대웅전에 도착하여 절실한 마음으로 지장경을 독송하였습니다.

5분 소요되는 거리를 30분 넘게 34번이나 쉬면서 걸어왔으니 애들 아빠는 다리가 얼마나 아팠겠는지요. 아들에게 지팡이를 사달라고 하면서도 이렇게 살아 뭐하냐고, 죽고만 싶다던, 애들 아빠가 집에 돌아와서 상기된 얼굴로 "거긴 절이 아닌가 봐, 요술 절인가 봐"라고 했습니다. 하도 신기해서 돌아오는 차 안에서도 다리를 툭툭 쳐보기도 했답니다.

　동생이 가는 길에 법안 스님께 감사의 마음을 전했더니 두 번 더 다녀가라 하시더라구요. 애들 아빠는 다녀온 후 좀 아프긴해도 걸을 때는 아프지 않답니다.

　업장을 녹이는 기도는 쉬운 일도 아니고, 또 한 순간에 이루어지지도 않는다는 것을 알았습니다. 그래서 저는 이렇게 합니다. 머릿속에 나쁜 생각이 들어오면 좋은 생각으로 바꾸며, 복되는 일이 있으면 남에게도 권하고 좋을 인연 맺어주려 노력합니다. 그리하여 불보살님의 감응과 부처님의 가피를 더욱 많이 받기 위해 오늘도 새벽 독송을 합니다.

기도의 힘으로
극복한 고질병

 저는 이유도 없이 몸이 무겁고 짜증나고 여기 저기 찌뿌둥하고 컨디션이 불쾌한 날이 지속되어 병원에 가 보았습니다. 그랬더니 백혈구 수치가 높다느니 또 다른 날은 백혈구가 없다느니 하는 상식적으로 이해가 되지 않는 결과가 나왔습니다. 검사 결과도 오래 기다려야 했습니다. 이곳 연무대에서는 검사할 수 없어 혈액을 대전까지 보내고 그곳에서 결과가 오는 것이었습니다.

 예약 날짜가 되면 이번에는 어떤 결과가 나올까? 하는 심정이었습니다. 약은 한 줌씩 주었습니다. 병명이 희한하니까 어떤 약이든 인연이 있어서 나을까 싶어서 많이 주나 싶었습니다. 몸은 계속 아프고 얼굴에는 병색이 완연하여 갔습니다. 어떤 날은 한 발자국도 걸을 수가 없었습니다. 무속인의 집에 갔더니 신을 받아야 한다며 굿을 하라고 하였습니다.

 저는 고속도로 래커 운전사인데 어려서부터 무서운 것이 없었습니다. 이러한 저의 성격을 보면 제가 봐도 제가 보통사람은 넘어 보이는데 몸 아픈 것에서는 당해낼 재주가 없었습니다. 아내가 절에 가보자고 했습니다. 제가 업을 많이 지어서 이런 고통이 있나보다 생각하면서 지푸라기라도 잡고 싶은 심정으로 아내와 함께 절에 가 보았습니다. 절에는 몇 년 전에 딱 한 번 가본 기억 밖에 없었습니다. 절에 오긴 하였으나 워낙 몸이 아픈 상태라 말도 하기 싫었고 잠시 앉아 있는 것도 괴로웠습니다. 하지만 집에서는 밥도 못 먹고 인상만 쓰고 있었는데 점심을 맛있게 잘 먹었습니다. 기분이 좋아졌습니다.

 법안 스님의 또 와 보라는 말씀에 이끌려서 다음날 다시 갔습니다. 스님께서는 35일간 하루도 빠지지 말고 기도하라고 하셨습니다. 제가 업이 많기는 하나 이 병이 나을 복을 지었었나 봅니다. 아니면 이 도량과 스님의 기도 덕분인지 아내가 불공비를 마련하여 기도를 하고 35일간 빠짐없이 매일 기도하러 나올 수 있는 컨디션이 되었습니다. 이 절에 오기 전에는 다섯 걸음만 걸어도 숨이 차서 잠시 쉬어야 했습니다. 발도 높이 못 들고 질질 끌듯이 걸어 다니고 골이 흔들려 최대한 새색시 걸음으로 걸어야 했습니다. 제가 사는 집에서 절까지 700미터밖에 안 되는데도 처음에는 걸어오지 못하고 차를 타고 다녔습니다. 그런데 점차 나아지는 기분이 들기 시작했습니다. 스님께서는 좋아지다가 한 번 고비가 있을 것이니 잘 견디라고 하였습니다. 병색으로 찌들었던 저의 안색이 점점 제 빛을 찾고 억양이 달라지는 것을 저와 주위 사람들이 느끼기 시작하였습니다. 골이 흔들려 말도 크게 하지 못했는데 목소리가 커지고 크게 웃을 수도 있게 되었습니다.

제가 나으면 대한민국에 아픈 사람 다 나을 것이라고 장담했습니다. 걷지 못해서 차를 타고 다녔는데 걸을 수가 있게 되었습니다. 오토바이를 몇 년 동안 구석에 처박아 놓고 내가 다시는 저 오토바이를 탈 수 없으리라 생각했는데 그 오토바이를 타고 외출을 할 수가 있게 되었습니다.

운동복을 입고 아들과 조깅을 할 수 있게 되었고 가족을 위해서 일을 다시 시작하게 되었습니다. 저는 기도도 많이 하지 않았는데도 이런 복을 누리다니 참으로 행운이라 생각됩니다.

제4장
좋아졌네, 좋아졌어, 몰라보게 좋아졌네

- 감사드립니다
- 법안 스님 고맙습니다
- 나 자신의 변화
- 진정한 행복
- 십 년 만에 찾은 웃음
- 법안 스님 가르침을 항상 따르며
- 요즘은 이래서 감사하고 저래서 감사합니다
- 결혼한 지 9년이 되었습니다
- 기도의 힘
- 지장경 100일 기도를 마치고
- 스님의 법문은 저의 희망의 배입니다
- 소원성취 늦어지는 이유는 따로 있었네요~
- 기도와 기다림
- 행복과 성공의 길로
- 12년 만에 고국에 오다
- 행복한 나날들~~

감사드립니다

법안 스님 감사드립니다. 드디어 제가 변하고 있습니다.

불법에 입문한 지 8년이 지났지만 어제의 나와 오늘의 내가 변하지 않았는데 스님 말씀을 실천하니까 변해 가네요.

1. 화내지 않는다.
2. 과거 좋지 않은 일을 리메이크 하지 않는다.
3. 모든 일에 절복과 섭수하며 감사한다.
4. 항상 웃는 낯을 한다.

우선 내가 지켜야 할 것을 머리맡에 적어 놓고 볼 때마다 복창하니 정말 화를 내지 않네요. 그리고 지금 18일 째인데 마음이 편안하고 의욕이 생깁니다.

지켜야 할 것을 적어놓고 하는 것과 마음으로 다짐하는 것과는 천지차이네요. 물러서지 않고 정진하여 모든 원을 속히 성취하는 날이 빨리 오기를 염원합니다.

법안 스님과 안심정사의 큰 인연에 정말 감사드립니다.

법안 스님 고맙습니다

법안 스님께 감사의 인사드립니다.

스님께서 지장경 108독 하라 하신대로 기도를 시작해서 오늘 마쳤습니다.

새벽에 해야 하지만 저는 그렇게 하지는 못했습니다. 그래도 저의 마음에서부터 변화가 왔습니다.

늘 부정적이고 불안했던 마음이 긍정적으로 바뀌면서 남도 이해하게 되었구요. 남편이나 아이들을 잘 대하지 못했는데. 지금은 나의 부처님이십니다. 그런 분들한테 저는 늘 짜증을 내고 불만이 가득하여 남과 비교하는 버릇이 있었는데, 지금은 화가 나도 곧 마음을 찾습니다. 남편도 소원하던 사무실을 마련하였습니다.

스님 감사드립니다.

남편 사업도 사업이지만 딸이 고3이라 입시기도를 하려고 합니다. 지금처럼 지장경 독송을 계속 하여야 하는지요?

스님과의 만남은 제겐 큰 행운입니다.

감사합니다.

나 자신의 변화

백일기도를 시작한 지 한 달 보름이 되었나 봅니다.

나 자신을 바꾸는 기도를 시작했지요.

항상 '누구 때문에' 하는 생각으로 식구들을 미워했습니다. 나를 힘들게 한다고 말이죠. 많이 힘들었지요.

법안 스님께 여쭤보면 기도 열심히 하라고 하십니다. 스님 말씀대로 참 열심히 기도했습니다.

그러니 참 편안해지더군요.

그런데 어려울 때는 정말로 열심히 매달렸는데 조금 편해지니까 기도를 슬슬 안 하게 되더군요. 항상 마음으론 해야하는데 하며 말이죠. 그렇게 2년이라는 세월이 흘렀습니다. 그랬더니 저에게 또 시련이 오더군요.

법안 스님께 염치 불구하고 여쭤봤죠.

'기도해보고 이야기 하자' 하시더군요.

그래서 남편이 변화하게 해달라고 기도를 시작했어요.

그렇게 일주일을 지내고 보니 그게 아니더군요. 한참을 기도하고 있는데 제 자신이 서럽고 남편이 미워지며 한없이 눈물이 나 참 오래도록 울었습니다. 약사여래부처님도 같이 눈물을 흘리시더군요. 그러더니 한순간 '이게 아니다 나 자신을 바꿔야 한다'는 생각이 들었어요. 그래서 얼른 나의 어떤 점들이 잘못인가를 짚어보게 되었고 그것들이 바뀌게 해달라는 서원을 하며 열심히 약사여래불을 찾았어요. 또 참회의 눈물이 나더군요. 그동안 내 마음 속에 쌓였던 미운 마음들이 올라오며 녹아 없어지는 것을 느끼며 그러기를 한참 동안, 고개를 들어 부처님을 뵈니 환하게 웃고 계셨어요. 아하, 그래서 스님께서 기도해 보고 얘기 하자고 하셨구나.

'제 스스로 깨닫고 더 절실히 느끼고 나니 기도에 더 정진할 수 있었습니다'하고 스님께 말씀드렸더니 크게 웃으시더군요.

몇 번의 고비가 더 있다고 하십니다. 그래서 지금까지 내 자신을 바꾸는 기도를 하고 있습니다. 기도의 끈을 놓지 않게 해달라는 서원을 세우고 그렇게 시간이 지나고 나니 저 자신이 조금씩 바뀌고 있다는 것을 느낍니다. 그걸 남편도 또한 느끼고 있는 거 같구요. 화가 오르려고 하면 서원했던 마음을 생각하면서 얼른 기도로 바꿉니다. 그러니 자연히 조용히 넘어가게 되고, 어제도 그렇게 조용히 넘길 수 있었지요. 예전 같으면 치고 올라오는 그 마음으로 인해서 시끄러웠을 것인데 오늘 생각해 보니 그게 다 기도 덕분이라는 것을 알게 되었습니다. 스님 말씀대로 생각이 바뀌면 행동이 바뀌고 자신의 운명이 바뀐다는 것을 저는 확실하게 믿고 있습니다. 몇 번의 고비가 더 있다고 하신 말씀 가슴에 새겨 무사히 기도로써 넘겨 보려 합니다.

항상 지혜로 이끌어 주시는 법안 스님께 감사드립니다.

진정한 행복

　법안 스님께서 약이 되는 좋은 글들 주셔서 나날이 변모해 가는 가정을 봅니다. 부처님의 가피라는 생각도 들구요. 어느 날 부터인가 서서히 집안이 정리부터 되면서 화목한 가정이 되어 가고 있네요. 환경이 깨끗하니 첫째 마음이 푸근해 지더라구요. 가족들도 저의 마음과 같으리라 생각해 보면서 변함없이 한결 같은 마음으로 기도정진할 수 있도록 서원해봅니다.
　2년 전 쯤에는 남편이 제게 버팀목이 안 되니 저 남자 믿고 한평생 살 수가 없노라고 이혼할 생각을 했었습니다. 그때 제가 다니는 절에 가서 스님께 못살겠노라고 말씀드리니 이혼하는 것은 좋은데 당장 이혼하면 저한테 불리하니 기도 조금하면서 때를 기다리다 몇 년 뒤에 이혼하라고 하시더라고요.
　요즘 제가 그때를 생각하면 얼마나 섬뜩한지요. 이 아이들은 또 어떻게 되었구요. 저 남편 그늘이 얼마나 크며 무덤덤한 남편이 얼마나 소중한지 그때는 몰랐습니다. 제게도 문제가 있다는 사실을 그때는 몰랐습니다. 저는 일등 신부감이고 정말 괜찮은 마누라이며 좋은 며느리인 줄 알았거든요.

법안 스님 법문을 접하고 기도하면서 많이 참회하고 또 다른 깨달음을 얻었습니다.

어찌보면 저도 고달프다는 생각이 듭니다. 하지만 요즘은 힘든 줄 모르고 억척이가 되었어요. 아침에 일어나서 남편 도시락 준비하고 아이들 깨워서 밥 먹이고 생선이라도 있는 날에는 아이 둘과 남편을 위해 모두 제가 생선 뼈를 모두 골라줍니다. 작은 애를 안고서요. 그것도 행복입니다. 아침에 당근이나 토마토 한 잔 갈아서 식구들 먹이는 것도 행복입니다. 저녁 때 아이 셋을 제가 목욕 시키고 집안청소를 혼자서 다하고 할 일이야 엄청 많지만 이런 것들이 행복인 줄은 처음 알았습니다.

행복도 돈도 하루 아침에 오는 것이 아니라 이렇게 좋은 기의 흐름과 함께 조금씩 조금씩 서서히 오리라는 것을 믿으며 저도 부자로 행복하게 살 수 있을 날이 임박해졌음을 감히 상상해봅니다.

법안 스님, 이끌어 주신 덕분에 한 가정이 이렇게 화목해졌습니다. 진심으로 감사의 예를 올립니다.

십 년 만에 찾은 웃음

 5월 27일 집안 청소를 하다가 내일은 꼭! 하늘이 두 쪽 나도 안심정사에 가야한다고 다짐했다. 더 이상 내가 아프지 않고 싶고, 더 이상 이대로 가다간 무슨 짓을 저질러선 안 되겠기에 하루라도 빨리 법안 스님을 뵙고 싶었다.
 28일 비가 하루 종일 내렸지만 아랑곳하지 않고 여섯 살 난 딸을 비옷과 장화로 단단히 무장시켜 리무진 버스에 올랐다.
 법안 스님이 계신 곳은 서울이고 우리 집이 인천이니 가까운 거리인데 왜 이리 뵙기가 힘들었을까!
 스님을 뵙는 순간 깜짝 놀랐다. 한 번도 뵙지 못한 스님이신데 꿈속에서 뵈었던 스님의 모습과 똑같았다. 실은 결혼생활이 10년이지만 남편에 대해서도 모르고 좀 더 구체적으로 재미라는 것을 전혀 모르고 살았다. 나의 10년을 이곳에 다 올리진 못

해도 얼마 전 난 모든 것을 다 버리고 그만 살고 싶은 생각마저 갖고 있었다.

스님과 대화가 시작되었다. 어느 누구도 한 번도 말해주지 않았던 것을 지적해 주셨다. 그때야 알았다. 엄마이면서 아내이면서 문제는 '나' 자신한테 있었다는 것을...

차에서 많은 것을 생각했다.

잠이 든 딸을 보면서 두 딸에게 엄마로써 너무 미안했고 남편을 한 번이라도 이해를 해보려고 노력은 안 하고 무조건 나의 자존심만 생각했던 나의 모습이 떠올랐다.

내 눈에 눈물만 하염없이 흐른다.

남편한테 문자를 넣었다.

'나하고 살아줘서 고마워. 그리고 '미안해', '미안해'

남편은 마중을 나와 있었다.

지금은 법안 스님께서 주신 글을 잘 읽고 기도하며 남편을 이해하려고 노력하며 스님께서 말씀해 주신 것을 머릿속에서 생각하며 내 자신을 다스리며 생활하고 있다.

스님, 감사의 글을 이 곳을 통해서라도 남기고 싶었습니다.

진심으로 감사드립니다.

공양 많이 드시고 건강하세요.

또 바로 찾아뵙겠습니다.

법안 스님 가르침을
항상 따르며

 스님께 저의 기도를 여쭙고 싶어서 감히 이렇게 글을 올립니다.
 저는 지난 몇 년간 누구나 겪을 수 있는 풍파를 겪으면서도 '왜 나만 이럴까, 다른 이들은 안 그런 것 같은데'하며 삶에 회의를 많이 느끼며 현실적응을 하지 못하고 지냈습니다.
 지금 생각해보니 저의 어리석음과 오만 때문이었습니다. 저만큼은 잘 해나간다고 하는 짧고 얕은 자만을 지혜인양 거름삼아 살아오던 어느 날, 살아가는 공간과 세상에는 제가 모르는 뭔가가 있는 거 같다는 생각이 들었습니다.
 뭔가 잡을 끈을 필요로 할 때 쯤에 어느 법우님이 지장본원경과 십륜경을 한 벌 주시면서 읽으면 기도가 된다고 읽으라 했습니다. 그때 저는 이것만 읽으면 모든 게 될 것이다라는 집념으로 430여 일을 거의 외우다시피 읽었었습니다.

이 경을 지도하시는 스님이 모든 건 이루어진다고, 된다고 하셨으니까요. 그 경을 읽던 어느 한순간에 저는 주변의 모든 삶이 서서히 순조로워지고 서서히 정리가 되면서 제 자신이 안정되고 있다는 것을 스스로 느끼게 되었습니다. 그때부터는 항상 오나 가나 감사함이 존재함을 알고 '감사합니다'를 입버릇처럼 하게 되었어요.

부처님의 가르침을 최상의 삶의 가르침이라 여기며 그 가르침 대로 살려고 노력하고 그 가르침으로 얻어지는 기쁨으로 하루 하루를 즐겁게 삶에 순응하며 살아 가고 있습니다.

지금의 저는 나무아미타불 염불을 하고 있습니다.

기도 내용은 저의 노시부모님 업장소멸, 시가식구, 저의 가족들 무사무탈 원만가정이구요. 두 아이 사회 내디딛는 걸음걸음에 좋은 인연 만나고 스스로가 좋은 인연 짓게 해주십사하고 발원합니다.

꼭 틀을 짜고 규칙적이지 못한데 그래도 괜찮은지를 여쭙고 싶어요. 삶속에서 부처님 가르침 실천하려는 노력으로도 기도가 되는 것인지요.

스님, 늘 건강하셔서 좋은 법문 많이 듣게 해주세요.

감사 드립니다.

요즘은 이래서 감사하고
저래서 감사합니다

　언제부턴가 무언가 꼬여도 너무 꼬인다는 느낌과 더불어 삶을 놓아버리고 싶을 때가 종종 있었습니다. 참으로 열심히 살았노라 나름대로 자부할 수 있었기에 어느 한순간 다 놓아버리고 싶었는지도 모르겠습니다.

　서른을 맞이하면서 내게 지워진, 시어머님의 제사는 내 몫이라기엔 너무도 컸습니다. 그런데 그 몫이 제가 부처님을 찾는 인연의 고리가 된 줄을 이제야 알았습니다.

　제게 주어진 이승의 시간을 반쯤 살았을까, 나보다 더 억세게 살아온 다른 이들에겐 엄살일지 모르겠으나 제겐 너무도 힘겨운 시간들의 연속이었습니다. 법안 스님의 도움으로 지장기도를 시작하여 오늘이 65일째 되는 거 보면, 중간은 넘은 듯한데 고비도 있었을 거고 힘겨움도 있었을 건데 지금은 아무것도 모르겠습니다.

　제가 잘 하고 있는 건지, 잘 돼가고 있는 건지, 아무 것도 아는 게 없습니다. 언젠가 저의 지금의 모습을 덤덤하게 바라 볼 수 있을 때가 오면 그땐 알겠지요.

　그런데 단 하나, 한 가지는 느끼고 깨닫고 있습니다. 수시로 밀려드는 감사하는 마음입니다. 이것이 뭔지도 모르겠습니다. 그런데 수시로 너무도 감사하다는 느낌이 듭니다. 전엔 이래 불만 저래 불만이었던 것이 요즘은 이래서 감사하고 저래서 감사합니다. 집안일에 별 취미를 느끼지 못하여 정리를 못하여 정신없던 집안이 하나하나 정리가 되어가고 있습니다. 묵은 때를 하나하나 벗기는, 말로 표현할 수 없는 묘한 느낌입니다.

　미천한 저의 기도로 성불되신 영혼이 있다면 머리 조아려 감사드릴 일입니다.

　뭔가 보이지 않는, 사람의 힘으로 되지 않는 뭔가가 있다는 막연한 좌절감이 오히려 폭풍우 속에서 난파되기 직전의 한 척의 배가 되어 제 갈길을 편안하게 안정시키는 듯한 그런 것이 느껴집니다. 뭔지는 모르겠습니다.

　이런 느낌이...뭔지...

　마지막 100일을 목표로 최선을 다해 지장기도를 하겠습니다.

　법안 스님께 감사드립니다.

결혼한 지
9년이 되었습니다

결혼한 지 9년이 되었습니다. 오늘 문득 '아~~ 가정이 이런 거구나' 싶기도 합니다. 그동안 무엇이 그리 불만스럽고 불행한 거 같고 힘들던지요.

지금 돌이켜 보면 너무도 아찔한 순간들이었던 것 같기도 합니다. 가정에 대한 신뢰감이 없었으니까요. 남편도 때론 너무도 밉고 가정조차 포기하고 싶을 때가 많았으니까요. 문득 돌이켜 보니 9년이란 세월이 흘렀고 아이들이 자라고 있었네요. 아이들 생각을 안 했을까요. 아니면 아이들 보다 제 사는 것이 더 힘들어서였을까요.

남들 힘든 것에 비하면 아무 것도 아닌데 저는 왜 그리 힘들어 했었던지, 힘든 순간마다 기도로써 버텨왔습니다.

때론 부처님께 원망도 많이 했었습니다. 부처님 앞에서 눈물도 많이 흘렸습니다. 왜 나만 이렇게 힘드냐고요. 왜 매일 기도해도 안되냐고요. 부처님께 억지도 부렸지요. 항상 인자하신 모습에 화가 날 때도 있었습니다.

그렇게 버텨온 세월 9년. 이제는 너무 행복합니다. 남편은 항상 그 자리에 있었는데 방황한 세월이 미안하기도 하고 남편이 안쓰럽기도 하더군요. 이제사 둘러보니 가족이란 둘레에 울타리가 보였습니다.

처음 봤습니다. 우리 가족의 울타리. 부처님께 너무도 감사했습니다. 아~ 이래서 기도를 해야 되는구나.

저 이제 아이들 10년 공부에 관심이 더 많습니다. 이제 방황할 시간도 없습니다.

가정은 아내가 어머니가 지켜야 하는구나. 절실히 깨달았습니다. 그리고 부처님의 가피를 절실히 느꼈습니다. 기도의 끈을 놓지 말아야지 하는 간절한 소망을 이 아침에 다잡아 봅니다.

모든 인연에, 부처님 공덕에 감사드립니다.

힘드신 법우님들 힘내십시오. 9년 만에 깨달았습니다.

행복은 갈구하면 이루어지더이다.

기도하니 좋아지더이다.

기도의 힘

 이곳 청주에는 비구니 스님이 운영하시는 정토마을이 있습니다. 더 이상 치유할 수 없는 육신을 가지고 오시는 분들을 보살펴 주는 곳입니다.
 공양간에 사람이 없다는 SOS를 받고 이틀을 갔습니다. 올해 들어 최고로 더운 날인 듯한데도 워낙 생명이 위중하신 분들이 계셔서 간호과장, 간호조무사들께서 24시간 근무를 하시더라구요.
 첫째 날은 환자들을 소개시켜 주시는데 곧 임종을 앞두신 분이 두 분 정도 계시고, 암이 뇌와 안구까지 전이돼서 한 쪽 눈을 적출하신 분, 척추수술을 7번이나 받았다는 무연고 39살 총각(지적수준은 7살), 이 두 분이 저를 보고 반가워하시고 갈 때는 또 오라고 인사를 하는데 어찌나 밝게 인사를 하는지 제 마음에 해가

뜨는 것 같더라구요.

둘째 날은 간호조무사가 바뀌어서 새로운 조무사가 인사를 하는데 옛날에 나한테 돈을 빌려가고 파산 신청을 했던 그 사람의 동생이었습니다.

그 동생을 보는 순간 화가 치밀고 기분이 확 상하는 것이 표정관리가 어렵더라구요. 그 동생이 내 돈을 빌려간 것도 아닌데 얼굴 쳐다보기도 싫고 하루 종일 기분 망쳤다는 생각뿐이었습니다. 다행히 그 동생은 제가 누군지 모르더라구요.

혼자 공양간에 앉아서 4년 전에 포기한 건데, 저 동생은 아무것도 모르는데. 부처님 법 공부한다는 내가… 나름 기도도 한다고 하는 내가… 마음이 왜 이럴까? 마음을 다스린다는 것이 쉽지가 않구나라는 생각을 했습니다.

마음을 가다듬고 그 동생에게 진심으로 "오늘 더운데 고생하셨어요, 다음에 또 봐요"하고 인사를 하고 나니 돌아오는 발걸음은 날아갈 듯 가벼운 것이 제 자신이 기특하다는 생각까지도 들더라구요.

순간의 화를 잘 참고 좋은 기분으로 마음을 전환할 수 있는 것은 결국 기도의 힘이라 생각합니다.

스님, 감사합니다.

지장경 100일 기도를 마치고

저는 82세의 치매 친정어머니를 모시고 사는 싱글 맘입니다. 몇 년 동안 정말 많이 힘들어서 도망가고도 싶었고 제 스스로 화가 차올라 퇴근하면 하나 밖에 없는 아들에게 화내고 소리지르고 참 고약하게 굴었습니다. 그런데 기도를 시작한 지 얼마 안 된 작년 12월 31일, 가족들끼리 새해 소망을 얘기하는데 아들이 엄마가 화를 덜내서 너무 좋다고 그러더군요.

올 겨울은 엄마에게도 제게도 무던히도 힘들었습니다. 1월에는 심한 몸살감기에 걸리셔서 침대에서 일어나지도 못하셨고 2월 말부터는 심하게 체하셔서 아직도 완치되지 않았습니다. 1월에는 소위 말하는 마장이 아닌가 하는 생각도 솔직히 했었구요. 하지만 마음은 울면서도 기도는 계속하였습니다.

100일 동안 제가 경험했던 일들을 함께 나누고 싶습니다.

1. 환절기마다 매번 고비를 넘기시는 엄마가 다시 기운을 회복하고 계십니다.
2. 엄마가 장기요양 3등급을 받게 되어 요양보호사분이 지난주부터 오고 계십니다.
3. 우리 아들 건강하게 잘 자라고 주변분들에게 칭찬받으면서 잘 크고 있습니다.
4. 저는 현재 직장에 다니고 있지만 교수가 꿈인데 아직은 꿈은 이루어지지 않았지만 토요일에 대학에서 강의를 맡게 되었습니다.
5. 이사를 가고 싶었는데 원하는 집을 좋은 가격에 사게 되어 5월 초에 이사가려고 합니다.
6. 저도 108배 이후로 몸과 마음이 전보다 건강해진 것 같습니다.

저는 아직 시작에 불과한 것 같습니다. 그러나 기도를 하면서 제게 일어나는 모든 일들이 제가 지은 업의 결과라는 생각을 조금씩 하게 되었습니다. 하지만 열심히 기도하고 최선을 다해 살고자 노력하면 조금씩 업장이 녹아질 거라는 확신을 갖고 있습니다. 물론 지금 당장 원하는 소원들이 이루어지지는 않을지라도 하나가 풀리면 나머지 다른 것들이 저절로 풀리듯이 언젠가는 지금 이 시절을 생각하며 참 잘 보냈다라고 기특하게 생각할 날이 올 것 같습니다.

스님의 법문은
저의 희망의 배입니다

정말 그렇습니다. 언제나 솔직 담백하신 법안 스님의 법문을 접할 때면 희망의 배를 저어가고 있는 느낌을 받습니다.

오늘도 여지없이 출근과 동시에 이메일을 열면 살아 숨 쉬는 법안 스님의 법문이 올라와 있지요. 안심정사 카페로 들어가면 이런저런 세상 돌아가는 소리… 착하고 열심히 살겠노라고 불보살님전에 올리는 간절한 기도소리를 들려주시는 도반님들… 고마우신 분들… 좋은 세상입니다.

그러나 오늘도 어김없이 돌아오는 범부중생들이 다람쥐 쳇바퀴 도는 소리, 몸도 마음도 찌뿌듯, 남편 걱정, 아이들 걱정, 부모님 걱정… 걱정은 걱정을 낳고 몸과 마음은 어느새 지쳐있고 장고를 치루며 긴 터널을 빠져나온 느낌이지만 사는 것이 이런 것 같습니다.

다행히 매주 토요일 철야기도 시간과 법안 스님의 살아 있는 법문이 있어 지금껏 희망에 몸을 싣고 배를 저어가고 있는지 모릅니다.

소원성취 늦어지는 이유는
따로 있었네요~

 10대 소원문 중에 한 가지 소원이 이루어져 가피글을 올립니다. 저희 딸아이가 지난봄에 결혼을 하고 현재 미국에서 살고 있습니다. 미국에서 유학 생활을 마치고 거기서 자리 잡고 자기 일을 열심히 하고 있습니다.

 제 사위는 IT업계에 취업을 연결해 주는 회사에 다니다 더 좋은 회사로 이직하고 싶어서 우리가 잘 알고 있는 페이스북 회사에 지원하게 되었습니다. 처음에는 2차까지 합격했지만 마지막 3차 면접에서 낙방하게 되었습니다. 면접하는 시간이 우리 한국과 시차가 있어 한밤중이었습니다. 밤을 새워 지장경을 독경하고 지장보살 염불을 하다 보니 먼동이 트이는 듯하였습니다. 그러나 면접 결과는 좋지 않았습니다. 조금은 실망스럽기도 하였지만 제 기도가 부족했나 보다. 아니면 더 좋은 것을 주시려고 하나 하면서 기도를 놓지 않고 오로지 꾸준히 기도했습니다. 그러던 어느 날 이번에는 페이스북 회사에서 면접을 보지 않겠냐며 전화가 왔습니다. 이번에는 꼭 합격해야 하는데 하고 마음을 잡고 법안 스님 따라쟁이 하자 생각하고 가을 계룡산 산행기도도 하고 내려와 논산본찰 집중 기도도 참석해서 꼭 합격하기를 기원했습니다. 며칠 후 합격 통보를 받았습니다. 우리나라로 치면 인사과에 해당하는 자리에 합격하였고 인터뷰 때 자기가 원하던 금액보다 더 많은 연봉을 받게 되었답니다. 이제 1주 교육을 마치고 며칠 후에는 새로운 직장인 페이북으로 출근합니다. 더 좋은 걸 주시려고 그런다는 말씀을 실감합니다. 처음에 지원했을 때 합격했으면 먼저 회사에서 이번 연말 보너스 2500만원이라는 돈을 못받고 나올 뻔하였습니다. 차라리 늦게 되어서 보너스도 다 받고 연봉도 자기가 원하던 이상의 금액을 제시할 수 있었던 것입니다. 그래서 스님께서 항상 말씀하시는 늦어지는 것은 있어도 안되는 것은 없다. 늦어지는 데는 다 이유가 있다. 더 좋은 시기에 좋은 것을 주시려는 불보살님의 가피입니다.

법우님들 용기 잃지 마시고 오로지 꾸준히 하다 보면 "정말 잘돼" 입니다. 모두 대박나시고 재벌 되세요.

기도와 기다림

새내기 불자 안심도(安心道)입니다.

쓰다 보니 글이 너무나 길어져서 아마도 읽으시다가 멈추시는 분들도 계실 것 같네요. 저처럼 어려움을 겪고 있거나, 뭔지 모를 걱정으로 늘 불안하거나, 사는 것이 너무 힘들어 지옥 고통 수준이라고 생각하고 계시는 분들에게 작은 희망과 용기를 주고자 이 글을 쓰게 되었습니다. 제가 어리석어 받은 고통을 드러내기는 창피하지만 다시는 어리석은 일을 하지 않겠다고 다짐하며 주변 분들에게 전해드립니다.

저는 1년 넘게 무당 부부의 사기행각에 넘어가 물질적 정신적으로 많은 걸 잃었습니다. 그들로 인해 직장에서도 징계를 받았고, 지금도 소송을 진행하고 있으며 그 고통이 계속되고 있습니다. 제가 그 무당들에게 당한 것은 너무 기가 막히고 황당해서 글로 남기기도 어렵습니다. 괴로움이 너무 커 죽음의 문턱에서 힘겹게 버티던 중에 법안 스님을 뵙게 되었습니다.

지인으로부터 법안 스님을 소개받고 바로 그날 괴로움에 지친 상태였지만 고속도로를 정신없이 내달려 안심정사에서 법안 스님을 처음 뵈었습니다. 저는 여느 법우님들처럼 불교방송에서 법안 스님의 법문을 듣고 너무 좋아서 온 것도 아니고, 정말이지 불교에 'ㅂ'도 모르는 상태로 안심정사에 처음 왔습니다.

사찰 마당에서 눈물 콧물 범벅이 된 저를 보고 다가오셔서 "어서와~ 무슨 일로 왔어?" 이렇게 물어보시는데 그냥 하염없이 눈물이 흘러서 뭐라고 대답했는지 생각도 나지 않습니다. 저는 엉엉 울면서 "제가 지금 너무 힘든데 어떤 분이 안심정사를 알려주셔서 법안 스님 뵈러 왔어요." 앞에 계시는 법안 스님을 몰라보고 대실수를 한 거죠.

2019년 11월 4일 그렇게 법안 스님과의 극적인 첫 만남을 시작으로 지금까지 하루도 쉬지 않고 새벽에 벌떡 일어나 기도하고 있습니다. 때때로 개인적인 일과 법적인 문제로 소송준비를 하느라 날을 새는 바람에 인시기도를 못할 때도 있었지만, 그런 날은 하루 중 어느 때라도 독경을 해서 기도를 끊기지 않게 했어요. 카톡 인시기도방 법우님들의 덕분에 열심히 차분하게 기도하고 있습니다.

어느 법우님은 저보고 지금까지 지장경을 몇 독 했냐고 물어보셨었는데 저는 여태껏 수를 세면서 독경을 하지 않아서 잘 모르겠어요. 어떤 날은 우느라고 1독을 하는데 3시간이 걸린 적도 있고, 어떤 날은 3독, 5독, 7독… 그날그날 시간과 환경이 허락하는 대로 읽어서 제가 몇 번을 읽었는지 모르겠어요. 근데 몇 독이 중요한가요? 저는 그냥 평생 읽으려구요. 이 지옥 같은 곳에서 저를 구제해주신 지장보살님께 보답하는 마음으로 평생 읽어야겠어요.

또 어느 법우님은 새벽에 도저히 못 일어나서 기도하기 힘들다는 분도 계시던데, 저는 무당들한테 당한 생각만 해도 숨이 꽉꽉 막히고 가슴이 벌렁벌렁거려 자다가도 잠이 홀딱 달아나 그냥 자동으로 눈이 떠지고 벌떡 일어나지더군요. 지금 생각해보니 부처님, 불보살님, 법안 스님 만나게 해주고 지장기도도 하게 해준 무당들한테 오히려 감사하게 생각해야겠네요.

불교에 대해 아무것도 모르고 그저 제가 할 수 있는 게 기도밖에 없어서 기도에 매달렸어요. 잠도 못자고 그 지옥 고통을 벗어나고 이겨낼 수 있는 건 부처님과 불보살님을 믿고 의지하며 기도하는 것밖에 없었기 때문이에요. 처음 한동안은 기도할 때 여느 법우님들처럼 날마다 울고불고 대성통곡을 했었어요. 가족들이 잠에서 깰까 봐 소리 내서 울지도 못하고 입술을 깨물며 울음을 참기도 하고, 도저히 못 참을 때는 정신줄 놓고 울어 대고, 콧구멍에서 콧물이 풍선을 불어대고 아주 그냥 꼴이 말이 아니었어요.

때로는 〈운명을 바꾼 사람들〉이라는 법우님들의 가피 글이 담긴 소책자를 읽으면서 나에게도 이런 날이 오긴 오는 걸까? 나에게도 오겠지. 그런 날이 왔으면 참 좋겠다. 그 책을 읽으면서 제 일인 것처럼 감동하고 신비롭기도 해서 감격했었어요.

내 기도를 들어주시기는 하는 걸까? 저도 이런 생각을 당연히 했었죠. 울고불고 가슴을 부여잡고 기도를 해도 부처님과 불보살님의 가피를 받은 건지 아닌 건지 몰라서 답답했어요. 아마도 가피인 줄도 모르고 그냥 지나쳐 버린 건지도 모르겠어요. 그래도 기도를 하지 않으면 지금 당장 죽을 것 같아서 기도를 놓을 수가 없었어요. 낭떠러지에 위태롭게 매달린 부러진 나무처럼 제 삶이 그랬어요.

그렇지만 그때 당시 제가 분명하게 부처님의 가피라고 생각한 것은, 그렇게 저를 괴롭히던 악몽들이 어느 순간 없어진 거예요. 하루 1~2시간만 잠을 자도 악몽을 꾸지 않으니 마음과 몸이 너무 편안하고 건강해지기 시작했어요. 그리고 안달복달

안절부절하는 마음도 어느새 온데간데없이 사라져버렸어요. 부처님의 보살핌으로 제가 느끼지 못하는 사이 제 마음의 병이 고쳐지고 있었어요.

 무당들이 횡포와 협박을 일삼고 그들로 인해 직장에서 징계를 받는 과정에도 정말 많이 힘들어 울기도 많이 울었습니다. 24년간 누구보다도 성실하고 정직하게 생활한 공적들이 하루아침에 물거품이 되었고 직장 상사와 동료 직원들, 상급 기관에까지 다 알려지게 되어 자존심과 명예는 땅바닥에 떨어졌습니다. 내년이면 징계 건으로 근무지역이 다른 곳으로 바뀌게 될 거라서 막막하지만, 걱정하지 않습니다. 기도하면 되니까요.
 '앞으로 근무지는 부처님 뵈러 자주 올 수 있게 논산 안심정사와 가깝고 집에서도 가까운 곳으로 가게 해주세요!' 라고 소원표에 적어두고 기도합니다.

 무당들의 횡포와 협박 사건으로 민사소송과 형사소송까지 하게 되었고, 소송 비용을 마련하다 보니 금융권의 빚은 더 커졌어요. 민사소송은 얼마 전에 조정으로 갈음되어 끝났어요. 하루속히 소송이 끝나게 해주시고, 승소해서 소송비용도 되찾게 해달라고 기도했는데 소송비용은 받지 못했어요. 그래도 크게 아쉽진 않았어요. 생각보다 일찍 민사소송이 종결되어서 문제 하나가 해결되었다는 게 더 좋았으니까요. 부처님이 이렇게 해주신 데는 다 이유가 있을 거라 생각했어요. 힘든 시간과 고통을 줄여주신 것 같아서 감사했어요.

무당들과 관련된 월셋집도 큰 문제 중 하나인데 월세금을 못 내고 있으니 보증금은 계속 줄어들고 있는 상태였고, 세입자가 안 들어오면 계약기간이 끝날 때까지 월세금을 고스란히 제가 내야 했어요. '새로운 세입자와 속히 계약 성사되어 새로 들어오시는 분이 그곳에서 대박 나게 해주시고, 집주인도 잘 되게 해주세요.'라고 기도했어요.

기도와 하염없는 기다림은 계속되었어요.
7개월 동안 비어있는 상태로 월세를 못 내서 보증금만 계속 줄어들고 있으니 이러다가 보증금이 다 없어지면 다달이 월세금까지 내게 되면 그 많은 빚을 다 어찌할까? 때론 걱정이 되기도 했지만, 불보살님께서 다 알아서 해주실 것 같았어요. 답답하더라도 기도하면서 조용히 기다리기로 했어요.

12월부터 시작된 형사소송은 담당 형사가 부서를 옮기면서 날짜가 2개월 넘게 계속 미뤄지다가 지난 2월에야 담당 형사가 전화를 주셨어요. 본인이 강력계로 부서를 옮기게 되면서 자기가 담당했던 사건들은 후임자에게 다 인수인계하고 넘겨주고 왔는데 제 건은 아무리 생각해도 너무나 안타깝고 속이 상해서 도와주고 싶어서 상급자에게 허락을 받고 강력계로 가지고 와서 끝까지 처리하느라 좀 늦어졌다며 다음날 검찰청으로 넘길 거라고 하시는 거예요. 부처님과 불보살님의 가피가 아닐 수 없었어요. 너무나 감사해서 눈물이 났어요.

사건은 검찰로 넘어갔지만 3개월을 기다려도 아무런 소식이 없었습니다. 제 변호사가 탄원서를 써서 검사에게 제출해보자고 해서 밤을 꼬박 새워 10장 분량의 탄원서를 썼고 변호사의 확인을 거쳐 검사실로 보내졌어요. 그러고 나서 며칠 후 인시기도를 마치고 잠시 잠이 들었는데 생생한 꿈을 꾸었어요. 꿈속에서 법안 스님을 뵈었어요. 장소는 안심정사 보광명전 같기도 한데, 제가 법안 스님께 무당들 얘기를 하면서 눈물을 흘리고 고민을 털어놓고 있었어요. 법안 스님께서는 저보고 깨끗한 물을 떠오라고 말씀하셨어요. 얼른 밖으로 나가 그릇을 닦고 물을 담으면서 법안 스님을 바라보니 스님께서 갑자기 제 할아버지 흉내를 내시며 "나는 네가 복덕이 구족하길 바래. 나는 네가 복이 많기를 바래…" 그러시는 거예요. 너무나 그 광경이 신기해서 법안 스님을 바라보다가 물도 못 올려드리고 꿈이 깨버렸어요.

그 꿈이 주는 의미가 무엇인지는 몰라도 깨끗한 생수를 보광명전 부처님, 지장보살님, 영가단에 축원문과 함께 올렸어요.

뭔지 모를 희열을 느끼며 감사함이 물밀듯 들어오는 것 같았어요. 좋은 일이 생길 것 같은 행복한 느낌이 주체할 수 없이 밀려왔어요.

꿈을 꾸고 나서도 언제나처럼 기도를 하며 보이지 않는 기다림이 계속 되고 있는데 며칠 후 담당 검사실에서 검찰청으로 변호사와 함께 오라고 드디어 연락이 왔어요. 정말 기다리고 기다리던 전화였어요. 검찰청에 가기 전날, 문득 꿈을 꾸었던 것이 떠올랐어요. 법안 스님의 말씀이 떠오르는 거예요. '나는 네가 복덕이 구족하길 바래, 나는 네가 복이 많기를 바래…'

다음 날, 변호사와 함께 검찰청 해당 검사실로 갔어요. 이제는 떨리지도 않고 왠지 제 마음은 참으로 고요했어요. 검사 앞에 앉아 그분의 얼굴을 보니… 이게 뭔 일인가요? 담당 검사의 얼굴이 안심정사 보광명전 지장보살님 얼굴과 똑 닮은 겁니다. 소름이 끼치고 전율이 느껴졌어요.

장장 5시간 동안 검사 앞에서 진술을 하고 조서를 작성했지요. 생각보다 긴 시간 조서를 쓰다가 그 검사가 제게 이런 말을 했습니다. "제가 원래 피해자 진술조서를 직접 쓰지 않아요. 보통 검사 사무실에 있는 수사관들에게 맡기는데, 이 사건은 제가 직접 하기로 했어요. 진짜 오랜만에 진술조서를 직접 쓰려니 힘들긴 하네요."

처음에는 무당 사건이라 그냥 가볍게 생각하고 합의해서 끝내면 될 것 같아서 쉽게 생각하고 있었는데 탄원서를 꼼꼼하게 읽어보고 이게 굉장한 사건이라 심각하게 다뤄야겠다고 마음을 바꿨답니다. 조서 작성이 끝나갈 무렵, 제 옆에 같이 있던 변호사도 "저도 변호사 경력이 16년이 넘는데 검사가 직접 피해자 진술조서를 쓰는 것도 처음 봅니다. 정말 아주 특별대우를 받는 겁니다."라고 하더군요. 검사와 변호사 모두 본인들 스스로 이런 경우는 처음이라고 하니, 이건 부처님, 불보살님의 위신력이 아니고서는 감히 상상도 못 할 일이에요. 감사하고 감사했습니다.

"이 무당들 용서가 되겠어요? 이건 용서가 안 되는 일이에요. 죄질이 너무 나빠요. 하여튼 인생 공부를 너무나 비싸게 하셨어요. 앞으로 이런 사람들이 생기지 않게 주변에서 이런 분들 있으면 조언도 해주시고 상담도 해주시면서 사시면 돼요." 담당 검사가 제게 해준 말입니다. 앞으로 제가 어떻게 살아야 할지 검사를 통해 지장보살님께서 제게 말씀을 해주시는 것 같았어요.

법안 스님, 부처님 법은 한 치의 오차도 없다 하셨지요. 늦어지는 것 있어도 안 되는 건 없다 하셨지요. 걱정말고 기도하라고 하셨지요. 저 이 말씀 굳게 믿고 매일매일 눈물로 기도했어요. 그간 정말 너무 마음 아프고 정말 죽을 만큼 힘들었어요. 기도하면서 부처님과 불보살님, 법안 스님께 위로받고 싶어서 마음속으로 어리광을 부리며 혼잣말을 하기도 했어요. 형사 소송은 이제 막 시작되었으니, 앞으로 재판까지 가려면 또 얼마나 더한 고통이 남아 있는지 모르겠지만, 앞으로도 저는 흔들림 없이 여여하게 기도하겠습니다.

지난주 월요일 아침, 출근하는 차 속에서 여느 때처럼 법안 스님의 '지장정근' 크게 틀고 목청 높여 따라 염불하고 회향까지 하며 출근했어요. 신나게 하루를 시작했는데 부동산에서 연락이 왔어요. 월셋집을 마음에 들어 하시는 분이 있다는 거예요. 근무 중에 전화를 받고 너무 기뻤어요. 부처님과 불보살님께서 다 이뤄주시니 너무나 감사해서 또 울고 말았어요. "부처님, 불보살님 정말 감사합니다. 저 있잖아요. 꼭 해결해 주실 거라 믿었어요."

안심정사와 인연이 된 7개월 동안의 일을 쓰다 보니 글이 길어졌습니다. 무당들에게 당한 일까지 쓰면 너무나 엄청나게 길어져서 아마 법우님들 읽다가 아예 포기하고 읽지 않으시지 않을까요?

몇 년 동안 꾸준히 기도하고 계시는 신심 깊은 법우님들에 비하면 이제 막 첫발을 내딛는 초보라서 부끄럽습니다. 저 같은 초보 불자도 부처님 불보살님께서는 다 구제를 다 해주시니 감사하고 감사해서 기도를 멈출 수가 없지요. 어렵고 힘든 시간을 보내면서 법안 스님의 〈걱정말고 기도하라〉 책을 수없이 읽고 또 읽었습니다. 정신줄을 놓지 않으려고, 마음의 고요를 찾으려고, 책 속의 좋은 법문을 캘리그라피로 필사했었어요. 그러다 보니 혼자만 간직하는 게 너무 아까워서 카페에 공유했는데 도움이 된다는 법우님들의 댓글을 보고 감사하고 뿌듯했습니다.

제가 무당들과 악연을 맺고, 들어오는 나쁜 운을 막지 못한 것은 아마도 가지고 있던 복이 부족했던 것 같습니다. 이제는 기도로 악연들을 멀리하고 나쁜 운도 바꿔가고 있답니다. 또다시 이런 지옥 고통이 생기지 않도록 공덕을 쌓아 복력을 기르고 행복한 마음으로 복을 지으며 살고 싶습니다. 앞으로는 또 다른 나쁜 운들이 기웃거린다 해도 법안 큰스님께서 알려주신 인시 지장경 독경기도로 똘똘 무장하고 있으니 끄떡없을 겁니다. 그동안 신구의로 알게 모르게 지은 죄업들 모두 참회하며, 계율을 지키도록 노력하면서 바르게 정진하겠습니다. 법안 스님, 제 애기 들어주시며 "아휴~ 그간 고생 많았어. 고생 많았네~. 기도하면 돼." 그 말씀 정말 큰 위로가 되었습니다. 감사드립니다.

힘들고 지친 법우님~
기도를 해도 이뤄지는 게 없다고 너무 불안해하지 마세요!
정말 굳은 믿음으로 간절하게 기도하시면 어느새 다 이뤄져요!
마음에 동요 없이 그렇게 하루하루 기도하시면 돼요!
법안 큰스님 말씀처럼 정말 잘 되게 되어있어요!
큰 소리로 외쳐보세요~~ "정말잘돼! 할수있어!"

부처님, 불보살님, 법안 스님 정말 감사합니다.
안심정사 모든 법우님, 감사합니다.
함께 기도해주시는 여러 법우님, 감사합니다.

행복과 성공의 길로

안녕하세요^^ 법우님들!

제가 이번에 3천독을 무사히 회향하게 되었습니다. 그동안 힘든 일도 기쁜 일도 있었지만 3천독 회향을 하게 되어서 너무 기쁩니다. 그동안 물심양면으로 도움을 주신 대구도량 총무님께 진심으로 감사드립니다. 창원도량에서 회향하고 창원에서 이어질 새 인연들을 위해 지혜와 복덕이 가득하기를 바라는 마음으로 『지장경』 30권을 법보시하였습니다. 부족한 글이지만 제가 겪고 깨달음을 얻은 부분들을 법우님들과 같이 공유하고자 합니다. 조금이나마 법우님들에게 용기와 희망이 되기를 기원합니다.

🔹 인시기도 정말 대단합니다

저는 우리가 할 수 있는 일 중에 기도가 으뜸이라고 생각합니다. 기도는 내가 할 수 없는 부분들을 불보살님들께 빌고 또 빌어 의지하는 것입니다. 그래서 저는 가장 기도 효과가 좋다고 하는 '인시기도'가 가장 중요하고 소중하다고 생각합니다. 인시기도의 위력은 정말 대단합니다. 인시기도를 하다 보면 지장보살님이 보여주시고, 업장소멸 또한 어디까지 왔는지 가늠해주십니다.

🔹 보시바라밀 실천

저는 보시바라밀을 실천하려고 많은 노력을 하고 있습니다. 보시바라밀을 중요성을 체험했기에 아끼거나 주저하지 않고 생활화하고 있습니다. 수입이 들어오면 늘 10%는 떼서 공양을 올리고, 어려운 상황에서도 공양 올리길 간절히 원하니 한주 한주는 힘들었지만 1년을 지내고 보니 통장 잔고는 전보다 훨씬 늘어있어 참 행복했습니다. 힘든 순간순간마다 불보살님께 공양을 올리니 지혜를 주셔서 잘 넘어갈 수 있도록 도와주셨습니다. 그러다보니 불보살님은 제게 더 큰 복을 지을 수 있는 기회를 주신다는 걸 알게 되었습니다. 올해는 작년보다 1.5배 더 복을 짓자는 마음으로 임하고 있습니다.

법안 큰스님께서 쌀공양의 복력이 크다 하셔서 매달 쌀 10포대를 공양 올릴 수 있기를 발원했는데 발원대로 잘 진행되고 있어 감사드립니다. 보시를 실천하면서 부처님이 설하신 4분제법도 알게 되었고 그대로 실천하다 보니 검소하게 잘사는 방법도 알게 되었습니다. 이 또한 불보살님의 가피라 생각합니다.

기도하는 자세와 정갈한 마음가짐

　지장경을 읽기 시작하고 두 달 정도 지난 후부터 육식을 줄여가다 이제는 완전히 끊게 되었고 오신채까지 줄일 수 있게 되었지요. 물론 때로는 바삭한 치킨이 나를 유혹할 때도 있지만 치킨 두 조각을 먹고 온몸이 아파 3일간 고생한 후로는 생각하는 것조차 두렵습니다. 사실 저는 맛있는 음식 먹는 걸 너무 좋아하고 그게 유일한 기쁨이었는데, 음식을 가리기 시작하니 먹을 게 없고, 힘도 빠지고, 무슨 낙으로 살지 하는 마음도 들었습니다. 하지만 지혜가 밝아지고 탐욕과 분노가 저절로 줄어들고 살아있는 생명의 소중함을 알게 되었습니다. 처음에는 주변에서 숙덕이기도 하고 비난도 있었지만, 지금은 제 주변의 모든 이들이 인정해주고 채식 반찬을 나에게 모아주곤 합니다. 참으로 감사한 일이지요.

이 모든 변화는 법안 큰스님의 법문의 힘에서 시작되었습니다. 법문을 매일 듣고, 때로는 법문을 정리하면서 마음에 새겼습니다. 그러다 보니 어려운 상황이 되면 법문에는 어떻게 하라고 하셨지? 생각하고, 스님 법문에 정확히 나와 있기에 그대로 실천했지요. 그 결과 저 자신이 많이 성장하게 되었습니다.

초심을 잃지 않고 기도 정진

지장경 독경도 중요하지만 행이 뒷받침되지 않으면 그 어떤 기회도, 성장도 없다는 걸 알게 되었습니다. 독경과 염불을 하며 복을 함께 지으면 더 빠른 가피를 받을 수 있다고 생각합니다. 저는 이제 다시 시작하는 마음으로 지장경 기도 처음 접할 때 설레고 기다려졌던 그 마음으로 공부하고 실천하며 기도 정진할 것입니다. 부처님 법을 만났고, 선지식인 법안 큰스님의 훌륭한 가르침을 만났기에 최선을 다해 가르침대로 살아가기를 오늘도 기도하고 다음 생까지도 이어지길 바라봅니다. 믿음이 가장 중요한 것 같습니다. 확실한 믿음과 정성을 가졌다면 생사의 바다도 건 널 수 있습니다. 제가 가장 좋아하는 구절입니다. 모두 확실한 믿음으로 대박나시고 재벌되시기를 기원합니다.

12년 만에 고국에 오다

　지난겨울, 저는 호주로 이민 온 지 12년 만에 처음으로 고국을 가게 되었습니다. 그동안 타국에서 뿌리내리고 사는 데 온 힘을 쏟느라 다른 생각을 할 여력도 여유도 없었습니다. 솔직히 3년 전까지만 해도 한국 방문을 꿈도 못 꿀 정도로 팍팍한 나날이었습니다. 그러다 우연히 누나로부터 법안 스님에 대한 이야기를 들은 후 지장기도를 하게 되었고, 이왕 한 김에 인생을 제대로 바꿔보자 생각하며 하루도 빠짐없이 기도한 결과 이전과는 다른 여유 있고 풍족한 삶으로 접어들게 되었습니다. 그런 면에서 이번 고국 방문은 그동안 꾸준히 해온 지장기도 가피의 하이라이트라 할 수 있습니다.

　한국에 오기 1년 전부터 편안하고 안전하며 즐겁고 저렴한 경비로 여행할 수 있기를 기도 항목에 넣었었고, 법안 스님을 반드시 친견하게 해달라고 빌었었습니다. 그런데 이번 여행에서 제가 바라던 모든 것들이 게 완벽하게 이루어졌습니다. 한국에 도착한 날부터 호주로 떠나는 날까지 하루하루 불보살님들 가피를 받지 않은 날이 없었으니까요.

여행할 때 날씨가 중요하지만, 도난 사고를 당하지 않는 것도 매우 중요합니다. 여행을 완전히 망칠 수 있으니까요. 그런데 이번 여행에서는 단 하루도 날씨 때문에 불편한 날이 없었습니다. 미세먼지로 공기가 나빴던 이틀 정도를 제외하고 서울, 설악산, 속초, 세종시, 제주 등등 어디든 겨울치고는 포근하고 맑은 날씨였습니다. 또한 환전 문제도 아주 경제적으로 처리되어 최상의 여행을 할 수 있었습니다. 도난은커녕 예상보다 경비가 덜 들어 여유로운 여행을 할 수 있었습니다. 호주에 도착한 후 소식을 들어보니 저희가 한국을 떠난 후에 이틀이나 비가 내렸다고 하더군요. 불보살님의 가피를 최상급으로 받은 여행이었음을 확인하는 소식이었습니다.

🪷 마침내 법안 스님을 만나다

이번 여행의 가장 큰 목적 중 하나는 법안 스님을 친견하는 것이었습니다. 서울과 설악산 여행을 무사히 마치고, 어머님이 계시는 세종시로 내려온 다음날 안심정사 논산 본찰로 향했습니다. 그리고 마침내 컴퓨터 모니터로만 뵙던 법안 큰스님을 드디어 친견하게 되었습니다. 가족을 대표로 누나와 함께 큰스님께 인사 올리니 스님께서는 너무도 인자하시고 온화한 밝은 미소로 저희를 맞아주셔서 참으로 감사했습니다. 자리에 앉고 지나온 제 삶과 앞으로 인생 방향과 준비했던 질문을 말씀드리니 법안 큰스님께서는 한 시간이 넘도록 불교는 물론 문화 예술 과학을 두루 망라한 멋진 강의 한편을 선사해 주셨습니다. 스님은 어떻게 불교 외의 문제에도 척척박사처럼 답을 주시는지 감탄했습니다. 특히 저희 누나와 저 자신이 오랫동안 품었던 궁금점들에 대해 명쾌한 답을 주셨습니다.

기도로 이룬 소중한 기적

이번에 한국에 온 목적은 법안 스님 친견과 더불어 우리 가족의 화합에 있었습니다. 우리 가족은 24년 전 아버님이 돌아가신 이후 명절이나 어머니 생신 때에도 한자리에 모여 본 적이 거의 없었습니다. 그런데 공교롭게도 법안 스님께서 친필로 쓰신 '화경(和敬)'이라는 액자를 선물로 주셨습니다. 저의 한국 여행 목적과 너무나 맞아떨어져 놀라지 않을 수 없었습니다. 아무튼 이번에 한국에 가서는 여기저기 흩어져 살았던 형제들이 어머니를 모시고 한자리에 처음으로 모이는 기적⁽?⁾을 만들었습니다. 남들에겐 그리 쉬운 일이 우리 가족에겐 24년이 걸린 것입니다. 그리고 가족 화합을 바라시던 어머니의 오랜 소망도 마침내 이루어드려서 한결 마음이 가벼워졌습니다.

법안 큰스님을 친견하자 스님께서는 직접 우리 가족 개개인에게 인생 상담과 함께 가슴이 훈훈해지는 덕담도 해주셨습니다. 제게 그 말씀들은 제 삶의 해답이기도 했지만, 한편으로는 숙제를 받는 것이기도 했습니다. 답안지는 받았지만 결국 문제 풀이는 저 스스로 해야 한다는 것⁽기도⁾을 절감했기 때문입니다.

🟦 진짜 하이라이트_ 타고난 운명을 벗어남

제가 법안 큰스님과 법우님들께 드리고자 하는 얘기는 사실이 마지막 이야기입니다. 스님께서는 제 사주 상담을 해주시면서 세 번의 수고를 했다는 말씀을 해주셨습니다. 첫째로는 타고난 사주 자체는 최고급 차와 같이 아주 좋으나 길이 없어 갇혀 있다고 하셨습니다. 길이 없다는 것은 전생에 지은 복력이 적다는 말씀이니 앞으로 더욱 열심히 기도해서 복력을 길러야겠다는 생각이 절실히 들었습니다.

두 번째로는 35세부터 큰 사고가 나거나 운이 없어 빚더미에 올라앉아 고통이 컸겠다고 하시며 극복하느라 수고했다고 격려해주셨습니다. 스님께서는 저에게 아무리 어려운 일도 버텨내는 용기와 배짱이 있다고 일러주셨는데 아주 큰 위안을 받았습니다. 사실 저는 그동안 항상 나약하고 남들보다 못하다고 생각하며 살아왔는데 그 말씀에 더욱 용기를 갖게 되었습니다.

세 번째로 법안 큰스님께서는 '지장기도'를 하면 내 운으로 사는 게 아니라 지장보살님 원력으로 사는 것이라 운과는 관계가 없다고 하시며 다시 한번 수고했다는 말씀을 해주셨습니다.
"수고했어요, 행복 시작 불행 끝, 성공 시작 실패 끝" 그러시며 웃으셨습니다.

저는 제 스스로 잘나서 제 운명을 혼자 개척했다고 생각하지 않습니다. 묻지도 따지지도 않고 무조건 살려달라고 지장보살님께 매달리고 또 매달린 덕분에 지금까지 견뎌내고 버틸 수 있었다고 생각합니다. 그리고 앞으로도 무조건 잘된다는 생각만 하겠습니다.

🟦 이번 고국 방문을 통해서 더욱 깨달은 점은

1. 모든 순간에도 불보살님들께서는 동행하고 보살펴주신다는 확

실한 믿음을 갖기. (Buddha is everywhere)
2. 부처님께서는 우리에게 축복을 주려고 하시지 절대 잘못된 길로 인도하시지 않는다는 확실한 믿음 갖기.
3. 어렵고 견디기 힘든 일이 닥치면 포기하지 말고 시련을 통해서 더 나아지려고 노력하기.
4. 일이 안 풀릴 때는 뭔가 더 좋은 게 있어서 그런다, 더 귀한 것을 주시려고 이러시겠지 라고 생각하며 시각을 넓히기, 그렇게 넓은 눈으로 바라보면 좋은 이 반드시 온다고 생각하기.
5. 모든 것은 마음에 달려있으니 자나 깨나 언제나 정말 잘돼, 성공 시작 실패 끝, 화경, 복(좋은 인연)무한 반복하기.
6. 마지막으로 운명을 업그레이드하려면 그만한 노력과 댓가가 반드시 따라야 한다는 점을 늘 인식하기.

이제 지장기도와 재수불공은 2년 차에 들어가고 있고, 독경은 매일 1독씩 하지만 시간이 되면 2독, 3독을 하고 있습니다. 저의 가장 큰 걱정은 밀린 숙제를 안 하고 불안해하는 마음처럼 하루라도 독경을 못하면 어떡하나 하는 점입니다. 아직은 기도가 생활화되지 않았나 봅니다. 아울러 제게 제일 큰 아쉬움은 다른 법우님들처럼 법안 큰스님을 곁에 모시고 각종 법회와 방생에 함께 참석하지 못하는 점입니다. 스님과 함께 할 수 있는 법우님들은 정말로 축복받은 분들입니다. 한국에 있는 법우님들이 정말 부럽습니다. 어려운 일로 고통받는 법우님들 있다면 힘내세요. 그리고 용기를 가지세요. 여러분은 언제든 힘들면 찾아가 뵐 수 있는 법안 스님이 계시는 복이 넘쳐나는 한국 불자들이십니다.

유주무주 고혼들을 위무하는 한강 수륙재와 천도재, 군 법회, 교도소 법회, 각종 방생법회 등 이 모든 일이 결국 대한민국을 더욱 발전되게 만드는 가장 큰 원동력이 될 것이며 결과적으로 인간불교 인간 정토가 되리라고 굳게 믿습니다. 그런 일에 동참할 수 있다는 게 얼마나 행복하고 아름다운 일인지요. 저는 우리나라 불교계뿐만 아니라, 온 세계의 인류에게 큰 가르침을 주시는 법안 큰스님이 계시는 자랑스러운 안심정사 법우님들이 세상에서 제일 부럽습니다. 이 엄청난 역사를 열고 계시는 법안 큰스님 다시 한번 존경합니다.

행복한 나날들~~

안심정사와의 인연이 되어 지장경 독송기도를 시작해서 6월 30일이면 만 3년이 됩니다.

요즘의 제 마음은 행복의 연속입니다. 아직은 해결되지 않은 문제가 많지만 이만큼 기도하면서 배우면서 느끼면서 가족도 동업 중생이라 인연을 따라 모였으니 나 자신을 바꾸는 게 가장 빠르고 나 자신에서 문제를 찾으니 시빗거리가 없어졌어요. 하지만 지금도 때로는 불쑥 불쑥 화가 올라오기도 하지만 지혜롭게 넘어가는 것도 배우고 있습니다. 지장경 독송 이천삼백 독이 넘어갔는데 부처님을 믿고 기다리는 느긋한 배짱은 있어야지요.

만학도로 입학해서 한 학기 잘 적응했고 지금은 방학이라 며칠 여유로운 시간을 보냅니다. 아들보다 어린 동기생이랑 조별 활동을 할 때 저로 인해 피해를 보는 학생이 있을까 봐 커피는 무조건 제가 삽니다. 그러나 컴퓨터 배울 땐 내 머리의 한계를 느꼈습니다. 어쩔 수 없이 젊은 학생들에게 밥이나 음료를 사주면서 묻고 또 묻고 한답니다. 그러면서 배움의 재미도 느끼고 학생들이 다 착해서 진심으로 배려해주는 모습에 늘 감사했습니다.

사회복지학을 배워보니 그 내용이 부처님의 가르침 속에 다 들어있는 거예요. 배우면서 역시 부처님의 가르침이 얼마나 위대하신지 다시 느꼈고 강의시간마다 인생도 알아가고 나를 알아가는 과정이라 행복하고 즐거웠습니다. 인간이라면 누구나가 보편적으로 원하는 건강하고 행복하고 만족스러운 삶을 사는 게 사회복지의 최종목표인데 부처님께서는 이천육백 년 전에 이렇게 살면 된다고 몸소 실천하며 가르쳐주셨습니다.

우리는 날로 발전하는 문명 덕에 편리하게 살아가지만, 현실적으로는 상대적 빈곤으로 행복 지수는 예전보다 오히려 낮아지고 있습니다. 그래도 사회복지학을 배우면서 큰스님의 가르침을 배우고 기도하면서 현재까지 왔고 그래도 전 복이 엄청 많다고 생각하며 나 스스로 순간순간을 행복하게 만들고 있답니다. 제가 받기 어려운 인간 몸 받았고 만나기 어려운 불법을 만났지만 법안 큰스님을 뵙지 못했더라면 제게 이러한 변화가 있었을까요. 아이들이 학교에서 좋은 담임선생님을 만난 것처럼 저는 법안 큰스님을 만났습니다. 저와 마찬가지로 법우님들도 다들 그러한 마음이었을 거예요. 청정하시고 잘 생기시고 백만 불짜리 미소로 누구나가 알아듣기 쉽게 법문하시며 모든 걸 몸소 실천하시는 법안 큰스님을 뵈었을 때 그 감격은 말로 표현하기 어려웠습니다.

제가 3년 전 지장경 독송 기도를 시작할 때 적은 일기를 꺼내 읽어봅니다. 그때는 죽고 싶을 정도로 힘들었는데 기도하며 3년이란 세월을 보내고 나니 잘 견디었다고 스스로 칭찬도 해봅니다. 좀 부끄럽지만 현재 기도가 진전이 없고 힘드신 분이 계시면 한 분이라도 이 글로 힘내서 끝까지 안심정사 법안 큰스님과의 인연의 끈을 놓지 말고 기도하시기를 간절히 권합니다. 제가 해 본 기도 중에 지장경이 가장 쉽고 변화가 빠름을 알게 되었습니다. 지금 읽어보니 남편이 바뀐 게 아니라 제 마음이 안정돼서 남편이 바뀌었다고 느껴지는 것 같습니다.

지장경을 두 번 읽은 후부터요~

지장경의 위력이지요~

제5장

기도하는 삶, 행복한 삶

- 자, 이제 시작이다
- 정말 기도 밖에는 없습니다
- 제2의 인생 출발
- 두 번째 백일기도 회향과 두 번째 재수불공
- 무늬만 불자에서 안심인의 불자로 다시 태어나다
- 남편을 포교하다
- 21일 지장기도와 작은 회향
- 실행의 힘
- 법안 스님께 삼배를 드리며 하루를 시작합니다
- 서러움
- 모두에게 참회드립니다
- 지혜와 기도의 비법
- 지장경 기도를 시작한 지 1년
- 지장경 천 독 그 이후 1년
- 지장경 천 독을 마무리한 후에
- 지장경 3천독 성취, 불보살님 감사합니다

자, 이제 시작이다

거룩하신 부처님 감사합니다.

딸의 사고로 한맺힌 조상영가님께서 오신 것을 알았고, 딸의 몸을 빌어 오신 조상영가님 덕분으로 부처님 법을 만나 삼보께 귀의하였습니다.

지장경 기도를 하며 세세생생 지은 업을 참회해야 하는 것을 알았고 참회하였습니다. 앞으로도 참회하는 삶을 살 것입니다.

억세고 거칠며 고집스러운 저를 조복하여 세세생생 내려오는 업장을 소멸시켜 주시는 부처님.

사랑합니다.

감히 거룩하신 부처님을 사랑합니다.

희유하신 부처님 감히 사랑합니다.

20여 년의 결혼 생활 내내 나의 탓을 하던 남편...

그 남편에게 진 빚이 있는 줄 모르고, 고집으로 아집으로 죄업만 지었는데 자비하신 부처님 나의 죄업 소멸시켜 주시려 기도시키며 빚 갚게 하여주시니 감사합니다.

금강경을 독송하다 순간, 나의 딸이 나의 딸이 아니라 나를 조복시키고 부처님께 귀의하도록 오신 지장보살님이셨습니다.

지장경을 독송하고 보니 그토록 나를 책망하는 남편이 외롭고 고달픈 결혼생활에 원망했던 선망조상님이시며, 어리석음으로 고집피우는 나를 인도하시는 지혜로우신 수보리존자요, 문수보살이셨습니다.

찰나, 찰나 함께하여 주시는 부처님 감사합니다. 사랑합니다. 부처님이 증명하는 삶을 살겠습니다.

지장보살님의 자비로 선망조상영가님들, 유주무주고혼영가님들, 인연 태아령들의 극락왕생 천도와 일체중생들의 평안과 행복을 위해 부처님의 은혜 갚으며 법계에 회향하며 살겠습니다.

남편의 모진 말에 이제는 외롭거나 상처받지 않습니다.

"아, 내 업장이 또 소멸되고 있구나! 감사합니다." 하지요.

세 살짜리 꼬맹이 아들은 스님들의 모습이나 부처님 사진을 보면 절을 하고, 아침 잠에서 깨서 나올 때는 지난 밤 기도하다 두었던 경전과 염주를 머리에 이고 갔다 줍니다.

우리 네 식구 신실한 불자집안이 될 수 있도록 오늘도 지장경 독송은 멈추지 않습니다.

언젠가, 마음의 준비가 확고하고, 마지막 기도 소원성취가 이루어지는 날. 저와 같은 일을 겪으신 분, 외롭고 힘든 분들을 위해 운명이 바뀌어진 저의 이야기를 풀어놓겠습니다.

어떠한 일이 있어도 포기하지 마세요.

어떠한 절망이 있어도 포기하지 마세요.

어떠한 상황이 있어도 자신을 잃어버리지 마세요.

실패함에 잠시 눈물을 흘릴지언정 포기하지 마세요.

그리고 우리 끝까지 기도하자구요.

이제 겨우 시작일 뿐이잖아요?

기도하는 삶, 행복한 삶

기도하며 보시하는 삶 풍요로운 삶

기도하며 인욕하는 삶 자비로운 삶

기도하며 지계하는 삶 깨어있는 삶

기도하며 정진하는 삶

기도하며 선정하는 삶

모든 지혜 열어주시어 성불로 인도케 하시네.

나무아미타불

나무관세음보살

나무지장보살마하살

정말 기도 밖에는 없습니다

최근 들어 많이들 힘들다 힘들다 하고 삽니다.

저 또한 다니면서 많은 사람들을 만나보면 전부들 그러합니다. 저희 가족 또한 예외는 아닌 듯한데 그런데 그 어려움을 실감하지 않고 살 수 있는 비결을 이미 알고 실행을 하다보니 신기할 정도입니다. 제 스스로도 '아하! 그래서 기도를 해야 하는 것이구나' 합니다.

경제적으로도 무척 버거울 정도이고요. 벌써 남편의 수입이 5개월 정도 없는 상황이지만 그럼에도 불구하고 행복하게 잘 살아갈 수 있는 지혜를 주시는 분이 계시니 살맛이 나나봅니다.

예전 같으면 하루에도 365번 넘게 삶을 포기하였을 것인데 요즈음은 신이 나고 가족과 함께 행복을 누릴 수 있으니 말입니다.

법안 스님의 도움으로 꾸준히 기도를 놓지 않고 하면서 살아내는 덕분인 것이지요. 감사한 일이 또 있습니다. 남편의 신검 결과 보훈대상으로 판정이 되었습니다. 다 같은 조건의 다른 사람들은 탈락했지만 남편이 될 수 있었던 것은 기도 덕분입니다.

문득문득 삶이 버거워질 때 스님 법문으로 재 무장할 수 있었기에 늘 웃을 수 있었고 지금도 가벼운 마음으로 열심히 최선을 다하여 생활하고자 하고 있습니다.

어떤 일이든지 환경에 맞게 열심히 살아내니 좋은 일도 있고 부처님 말씀으로 살아내니 행복하고 등짐진 것 같은 무거운 마음은 하나도 없으니 정말 신기하고, 기도 밖에는 살 수 있는 길이 없더라고요.

매일 아침 부처님께 드리는 기도가 쌓이고 있습니다. 하루도 놓치지 않고 하는 생활 속의 기도가 몸에 배어지도록 오늘도 기도하면서 하루를 시작했지요. 늘 행복하고 힘든 무게를 느끼지 못하고 살아내고 있으니 너무 행복합니다. 안심정사의 모든 법우님들 기도 없이는 살 수 없다는 것을 느끼시는 순간 모든 법우님들의 가정은 행복 시작입니다.

모든 법우님들의 가정에 풍요로운 행복이 가득하시기를 두 손 모아 기도 드립니다.

제2의 인생 출발

오늘은 정말 행복한 날입니다.

지장경 독송 1000독 하고 새로운 마음으로 '제2의 인생'을 출발하자고 다짐하고 시작했습니다.

나는 '억울하고, 분하다, 복수를 하고 싶다' 이런 생각이 들지만 따지고 보면 모두 내가 뿌린 나의 씨앗이고 나의 업보입니다. 모두 나의 몫이며, 나의 탓이다 라고 생각하면서 지장기도를 하니 확신이 서서히 들면서 불보살님들께 '참회'를 하지 않을 수 없었습니다.

저는 지장기도를 하면서 하루도 울지 않고 그냥 넘긴 날이 없었습니다. 정말로 의지할 곳이라고는 부처님 밖에 없더군요.

'모든 허물은 내 안에 있지 다른 곳에 있지 않다'는 불경에 쓰여진 말씀들…

그저 울면서도, 허물어진 가슴을 주어담으면서 그냥 기도를 했습니다.

그것 이외에는 할 수 있는 것도 없고, 그러던 중 말로는 할 수 없는 일들이 일어났습니다.

기도 중에 돌아가신 영가님이 '나의 잘못은 알고 있지만, 난 편하게 눈을 감은 사람이 아니다' 라고 하는 말을 듣고, 죄송하고 반성하는 마음에 하루종일 울었습니다.

또 한 번은 아들 때문에 매일 울고 또 울며 기도를 하던 중 돌아가신 시아버지가 '아가 힘들어도 울지마라. 전생에 네가 나에게 불경 독송을 약속했다' 라며 위로해주셨습니다. 저는 이 일을 꿈인지 생시인지 뭐라고 설명할 수 없습니다.

그냥 담담해지려 애쓰며 최선을 다하며 지장경 독송을 했습니다. 날이 갈수록 근기가 좋아지며, 점점 마음도 예뻐지는 거 같습니다. 우리 딸은 세상에서 엄마를 제일로 좋아하고 사랑하고, 기도 시작한 지 80일이 넘으면서 아들도 예전의 천사같은 모습으로 해맑게 돌아왔습니다. 이제 남편만 남았네요.

앞으로는 기도를 나쁠 때하는 것이 아니라 좋을 때 더 열심히, 많이 기도하려 합니다.

"걱정말고 기도해라!!!"

더 이상의 말이 필요가 없다고 생각합니다.

두 번째 백일기도 회향과
두 번째 재수불공

　무작정 새벽에 일어나 집 근처 절에 가서 30일 동안 108배를 올리는 것을 시작으로 부처님을 찾게 되었습니다.

　그러던 중 안심정사를 알게 되었고 법안 스님의 〈걱정말고 기도하라〉는 책을 읽고 시작하게 된 지장기도가 어느덧 두 번째 백일기도를 마무리 하게 되었습니다.

　기도 중 일체의 고기를 먹지 않고 심지어 햄이나 육가공 식품도 가렸고 금주, 금욕을 해가며 기도에 임했습니다. 하루도 눈물이 나지 않은 날이 없고 정말로 간절함을 담아 열심히 기도했지만 역시나 좀 더 잘 할 수 있었을 텐데 하는 아쉬움은 조금 남습니다.

　이제 겨우 이백 일 했을 뿐인데 당장 눈앞에 결과를 보고자 하는 제 모습을 보고 책망해 봅니다.

어제 법안 스님을 잠시나마 뵙고 말씀을 들었습니다. 앞으로도 힘든 시기이니 더 열심히 기도하라시네요. 내심 속으로 "고지가 눈 앞이니 힘냅시다!" 하시는 말씀을 기대하고 바랐는데...

현 상황대로 흘러간다면 몇 달 버티지 못할 것 같아 답답하고 앞이 캄캄하지만 최악의 상황은 부처님께서 막아주시리라 믿고 이번 기도를 마치면서 새로운 목표를 세워봅니다. 당장은 새벽 기도를 시작하기가 힘들 것 같아서 잠들기 전에 꼭 108배를 하는 것과 빠른 시일내로 30일 기도를 한 후 설날을 보낸 후 바로 백일기도를 다시 시작하고 일요일 불공과 금요일 재수불공을 틈나는 대로 참석하는 것입니다. 배우는 것도 많고 각오도 새로 다지게 되어 참으로 제게는 안심정사 서울도량은 힐링캠프입니다.

새벽에 현덕화님께서 손을 맞잡고 '소원이 이루어지길 바랍니다' 라고 외칠 때 참으로 고마웠습니다. 감사드립니다. 다시 한 번 힘내서 세 번째 백일기도와 200독 이상 해보렵니다. 언젠가는 들어주시겠죠! 반드시 들어주시리라 믿고 오늘 하루 힘들고 피곤하지만 화이팅 해봅니다.

법우님들께서도 항상 좋은 일들로 가득하시길 빌어봅니다.

무늬만 불자에서
안심인의 불자로 다시 태어나다

제가 법안 스님과 인연을 맺은 지도 벌써 2년 7개월이나 되었습니다. 먹먹한 가슴을 부여잡고 스님을 뵙기 위해 논산을 찾아가 이런 저런 말씀을 드리면서 울기도 많이 울었습니다.

지금은 먼 옛날 얘기를 하는 듯 하지만 지금도 그때를 생각하면서 글을 적으려니 조금 마음이 아픕니다. 하지만 이제는 그 어떠한 어려움이 닥치더라도 울지 않을 자신이 생겼답니다.

'정말 잘돼, 정말 잘돼'를 반복적으로 외치면서 부처님께 매달리니 안 될 리가 있겠습니까?

나의 생활에 조금 불편함이 설사 닥치더라도 새벽에 일어나서 기도하면 될 것이고 또 부처님께서 다 들어주실 것이니 두려움도, 걱정도 없습니다. 제가 안심인의 불자로 다시 태어나자 많은 것이 바뀌기 시작했습니다.

제 남편은 술귀신이 붙었는지 일 년 365일을 하루도 빠지지 않고 소주 3병은 기본으로 먹었답니다. 스님께 여쭈어보니 스님께서는 영단에 술을 계속 올리라는 것이었습니다. 재수불공 때마다 술을 박스로 여러 차례 올렸습니다. 그런데 얼마 후부터는 남편이 술을 안 먹는 것이었습니다. 별별 방법을 다해도 안 되더니 정말 귀신같이 어느 새 술귀신이 떨어져 나간 것이었습니다.

더욱 신기한 것은 남편이 회사 다니면서도 지장경을 하루에 2번씩이나 독송을 하는 것이었습니다. 하루는 제가 당신 피곤한데 조금씩 끊어서 읽어도 되는데요 하니까, 저보고 신경끄라고 하면서 남편은 하루에 1독은 본수업, 2독은 보충수업으로 한다는 것이었습니다.

이럴 수가 있나요. 부처님께서 어떻게 하셨길래 저렇게까지 되었을까요. 참말로 말도 이쁘게 하지요. 그리고 욱욱 하던 성질도 안 낸답니다.

매사에 저를 가르치기까지 한답니다. 오늘은 회사출근하면서 '이 사람아, 당신은 어찌 부처님께 감사의 글도 안 올리는가. 글도 좀 올리고 법안 스님께도 감사의 인사를 드리고 그러면 스님이 얼마나 좋아하시겠는가' 하더라구요.

참! 사람 변하는 게 정말 이렇게까지, 부처님께서 저에게 이런 큰 가피를 주시다니요. 감사 또 감사의 기도를 드립니다.

남편을 포교하다

제가 경전을 읽을 때 처음엔 남편한테 부끄러워서 방문을 닫아놓고 했는데 차츰 열어놓고 하다 지금은 옆에 누워있으면 앉아 들으라고 합니다.

가끔 고개도 끄덕끄덕 뭔가 인정한다는 눈치 같지만 묻지는 않았습니다. 오래 못 앉아 있고 나가더군요. 그래도 많이 나아진 거지요.

처음에는 도로를 차로 달리다 교통사고 당한 동물을 보면 '나무아미타불'을 세 번만 하라고 시켰습니다. 그 동물이 다음 생에 좋은 곳에 태어나길 진심으로 바라면서. 그런데 남편이 어제는 대뜸 그거 '나무아미타불 관세음보살' 하면 안 되냐며 그렇게 하고 싶답니다. 길게 하면 더 좋을라나 싶기도 하답니다. 그래서 놓칠세라, 그럼 기도를 한 번 해보고 싶지 않냐고 물으니, 어떻게 해야 되냐고 되묻길래, 힘든 거 아니라고 그냥 관세음보살 지명염불을 가르쳐 주었어요. 속으로 해도 된다고 하니 그건 자신 있답니다. 그리고 차를 혼자 타고 갈 때는 아무도 안 들으니깐 크게 '관세음보살, 관세음보살' 하라고 했더니, 한 번 해보겠답니다. 한 가지 더!! 기도란 것이 다른 거 없다고, 그냥 속으로든 겉으로든 관세음보살님만 열심히 찾고 혹 꿈을 꾸게 되면 마누라한테 보고 하라고 했네요.

요즘 남편은 저를 대단한 눈으로 보고 있습니다.

이 정도면 성공한 거 맞죠. 제가 하고 있는 것이 정답인지는 모르겠습니다. 그냥 저는 단지 남편이 기도에 관심을 보이는 것만으로도 감사할 따름입니다.

앞으로는 스님께 여쭤보고 남편한테 적절한 기도법도 여쭐 생각입니다. 남편도 꼭 따라 오리라 믿으면서 조금씩 기도의 맛을 볼 수 있도록 시켜볼 생각입니다. 요즘 우리집 남자가 변해가고 있습니다. 부처님께 너무 감사합니다.

남편을 보면서 참으로 안타까웠거든요. 함께 기도할 수 있어서 너무 감사드립니다. 반은 이룬 거 맞죠!

"지명염불" 기도의 시작이라 생각합니다.

21일 지장기도와
작은 회향

지난 7월 21일에 지장기도를 발원하여 오늘 아침 21회 지장기도를 마쳤습니다. 정말 가슴이 뿌듯합니다. 예전에도 새벽 세 시에 일어나 지장기도를 한 적은 많으나 이렇게 목표를 정해놓고 한 경우는 이번이 처음입니다. 그러면서 깨달은 것 몇 가지를 적어보고자 합니다.

처음 하시는 분이라면 일단 목표를 짧게 잡기를 권합니다. 예를 들면 지장기도 3일이나 7일을 목표로 잡으라는 것입니다. 목표 달성이 자꾸 이루어지면 내공이 쌓이고 기도가 즐겁습니다. 처음부터 100일을 목표로 한다든가 1000일을 목표로 하면 목표가 보이지 않기 때문에 실패할 가능성이 큽니다.

그 다음으로 어려운 것이 새벽 세 시에 일어나는 것 같습니다. 저는 세 시에 알람이 울립니다. 소리에 눈을 뜨면 거의 반사

적으로, 마치 용수철이 튀어오르듯 일어납니다.

저도 처음 며칠은 정말 힘들었습니다. 그렇지만 다짐했습니다. '나를 바꿀 수 있는 힘도, 나를 행복하게 하는 힘도 결국 내 안에 있다.' 그렇습니다. 남이 대신해 주지 않습니다. 스님께서 말씀하신 대로 믿고 매달려 보는 것입니다. 나의 운명이 쉽게 바뀌지 않으리란 생각을 하니 지금보다 백 배 천 배 더 절실해야 한다는 생각뿐입니다.

마지막으로 소원표를 스마트 폰에 저장하여 시간 날 때마다 보고 읽으라는 것입니다. 저는 스마트 폰에도 외장하드에도 컴퓨터에도 있습니다. 시간 날 때마다 보고 읽으면서 이미지 트레이닝을 하는 것입니다. 아침에 일어나서, 회사에 출근해서, 점심에, 자기 전에 시도 때도 없이 중얼거리며 내 잠재의식에 저장하는 것입니다. 분명 효과가 있으리라 확신합니다.

가끔 '길에서 길을 묻는 이들에게'에서 글을 보면 많은 분들이 의심하고 불신하는 경우가 많은 것 같습니다. 지장경 2품 5절에 나온 "근기가 날카로운 이는 듣고 곧 믿으며, 선과가 있는 이는 부지런히 권하면 성취할 것이며, 암둔한 이는 오래 교화해야 돌아오며, 업이 무거운 자는 존경심을 내지 못할 것이다."란 부처님 말씀이 하나도 틀림이 없다는 생각입니다. 의심없이 무조건 믿고 따라하다 보면 분명히 법안 스님께서 말씀하신 대로 이루어질 것이라 확신합니다.

실행의 힘

법안 스님께서 지장경을 독송하라고 하셔서서 매일 새벽에 읽고 있습니다. 지장경을 처음 읽은 날부터 꿈을 꾸기 시작해서 일주일 간은 거의 매일 꿈을 꾸었던 것 같습니다.

첫날은 남편의 옷을 빨아서 널어놓는 꿈, 그 다음에는 오바마 대통령이 오시는 꿈, 지장경 공부를 한다고 현각 스님께서 오셨던 꿈, 그 다음에는 공장같은 데서 물이 철철 흘러내리는데 하수도가 막히는 듯 하더니 갑자기 물이 쏵 빠지면서 포크레인이 공사를 하는 꿈에 이어 일주일되는 날 처음으로 친정엄마를 꿈속에서 만났습니다.

엄마가 돌아가신 지 1년이 조금 지났는데 한 번도 제 꿈에 오시지를 않았는데 지장경을 읽고 처음으로 엄마를 만났습니다. 그런데 맘이 개운하지 않네요. 엄마가 계신 곳이 제 생각입니다만 아마도 빙설지옥이 아닌가 싶습니다.

제가 수영장의 미끄럼틀처럼 생긴 골짜기 물을 따라 내려가다가 어느 지점에서 멈췄습니다. 그런데 발에 새끼줄같은 게 걸려서 내가 빼면서 일어서는데 새끼줄에 묶여 물 위에 누워있던 시신이 바로 서길래 제가 바로 잡고 쳐다보니까 모르는 사람이고 처음에는 외국말을 하는데 제가 얼른 알아 듣지를 못하다가 제가 가지고 간 백팔염주를 얼굴에 갖다대니까 환하게 웃으며 엄마 얼굴로 바뀌었습니다. 그때서야 엄마를 알아보고 울다가 그냥 꿈을 깨고 말았습니다.

저는 이 꿈이 어떤 의미인지 잘 모르겠습니다.

나름대로 천도재도하고 그랬는데 엄마가 좋은 곳을 못가지 않았나 싶기도 하고 제가 기도를 더 열심히 해야겠다는 생각밖에 나질 않습니다.

그렇지만 그렇게라도 엄마 얼굴을 볼 수 있어서 정말 감사하게 생각합니다.

정말 지장경 대단합니다.

법안 스님, 감사합니다.

법안 스님께 삼배를
드리며 하루를 시작합니다

법안 스님 진심으로 감사드립니다.

2012년 불교TV에서 스님 법문을 처음 듣게 된 것을 시작으로 석달 동안 100번은 더 들었나 봅니다.

아직도 시작에 불과하고 부끄럽지만 저의 작은 변화들이 이 글을 보는 법우님들께 조금이라도 희망이 되었으면 하는 바람으로 적어봅니다.

저는 초등학교 5학년 때 아버님을 여의고 남들보다 이른 나이에 사회생활을 시작했습니다. 남들이 잘한다고 평가하고 인정해줘도 저는 제 큰 콤플렉스를 이겨내지 못했습니다.

스님께서는 한 분야의 책을 100권 정독하면 연봉 1억이 된다는 말씀을 하셨는데 저는 이미 경험했고 확신합니다. 소개하시는 책들 중 일부의 책과 같은 분야의 책을 족히 200권은 읽은 듯합니다.

　법안 스님을 만나고 법문을 들으면서 제가 힘든 이유를 알았고 운명도 개운할 수 있고 잘 살 수 있다는 확신도 생겼습니다.

　3시 반~5시 반 인시에 기도하라는 말씀에 어떻게든 하고는 싶지만 잠을 못이겨 며칠을 까먹고 그래도 살길은 이거다라는 생각에 마음먹고 지장경 속지에 기도 시작 시간을 적으면서 지장경독송 시작한 지 22번째, 이제는 시간도 점점 당겨지고 있으며 21일째는 왜 그토록 지장경 독송을 권유하셨는지 순간 깨달음이 왔고 그 적기 어렵던 소원표도 이젠 조금씩 수정을 하고 있습니다.

　스님 법문 중 재수불공 이야길 듣고 교회는 1억내는 신도가 있는데 절은 없다고 하시며 우리 절에서 1억내는 불자를 만드신다는 말씀에 바로 등록하고 소원표 4번에 월 500만원 불사하는 불자되게 해달라는 발원도 올렸습니다.

　전 아직도 멀었지만 불안한 마음이 여유로 변했으며 자신감이 날로 생기고 있습니다.

　22일째인 오늘 108배를 하는 중 '지장보살님 감사합니다. 스님 감사합니다.' 란 마음의 말이 절로 나왔습니다.

　법안 스님과 함께 열심히 기도하셔서 모두 다 행복해지시길 진심으로 바랍니다.

서러움

삼칠일 기도를 시작한 지 열하루째, 요즘은 기도시간이 기다려진다.

어제는 기도 중간에 어찌나 서럽던지 엉엉 울었다. 눈물 콧물 범벅이 되어 뭔 서러움이 그리 많았는지 그리 맺힌 게 많았는지 내 자신에게 놀랄 정도로 크게 서럽게 울었다. 기도를 시작하면서 발원을 하고 그리고 도와달라 기도를 했는데 이젠 감사함으로 기도를 한다.

건강해서 감사하고
기도할 수 있어 감사하고
부처님이 계셔서 감사하고
다시 시작할 수 있어 감사하고…

그동안 내 자신이 너무 잘못 산 것 같고 참회할 거는 왜 그리 많은지… 한바탕 서럽게 울고나니 적막함이 밀려온다.

이제부터 시작이다 라는 마음으로 열심히 살아보자.

부처님께서 이 마음을 알게 해주시려고 나에게 그 많은 시련을 주셨을까?

이제 다니던 직장을 그만두고 새로운 삶을 시작하려 한다.

너무 많은 두려움과 새로운 일에 대한 설레임.

내가 할 수 있을까?

부처님이 도와주시겠지?

그런 믿음으로 다시 힘을 내본다.

부처님 제게 힘을 주세요.

제가 모르는 저의 능력을 일깨워 주십시오.

모두에게 참회드립니다

며칠 전 지장기도를 마치고 문득 이런 생각이 들었습니다.

나는 참으로 그동안 몸과 입과 뜻으로 업을 많이 지었구나.

참회의 기도를 올리면서도 정작 마음 속으로 진정한 참회를 한 게 아니라 어쩌면 마음속에 남을 탓하고 차별하며 나의 잣대로만 재려한 건 아닐까? 내가 문제인데 남이나 다른 대상이 문제인 것으로 생각해왔던 건 아닐까? 아내부터 아들, 딸, 형제자매, 친척, 직장 동료와 친구들…

모든 이들이 다 원래 원만구족한 불성을 지니고 있거늘 내가 어리석어 알아보지 못하고 내 알음알이로 판단하였으니 모든 게 내 탓이로다. 이런 생각을 하니 정말 간절한 참회의 마음이 일어났습니다.

"세상 만유와 모든 존재들을 어떻게 보느냐는 것은 결국 나 자신에게 달린 것! 모든 유정 무정이 다 본래 원만하거늘 제가 무명속에 있어 분별을 짓고 때로는 남을 탓하며 살아왔으니 정녕 큰 업을 지었나이다! 시방삼세 부처님과 보살 성문 스님들께 지성귀의하오며 그동안의 잘못을 참회하오니 저의 업장을 녹여 주시옵소서!" 간절히 기도하였습니다. 그리고 매일 동서남북과 4간방, 상하 즉, 시방의 제불보살님과 모든 유정무정들께 3배로써 참회하기로 하고 실천하고 있습니다. 그리고 그날 저녁, 무엇보다 먼저 제 아내에게 참회의 3배를 올렸습니다.

"여보! 그동안 제가 몸이나 행동으로 당신을 괴롭게 한 것이 있다면 용서하십시오. 그동안 제가 입으로 말로 당신께 지은 죄가 있다면 용서하십시오. 그동안 제가 뜻과 마음으로 당신을 힘들게 한 것이 있다면 부디 용서하십시오."

아내는 처음엔 멍하니 있다가 어느새 본인도 숙연한 마음이 들었는지 같이 합장을 하더군요. 저는 이제 남을 탓하지 않고 늘 참회하며 감사한 마음으로 살고자 합니다. 그동안 어리석음으로 인하여 모든 문제가 나로부터 비롯됨을 모르고 진정한 참회 대신 남을 탓한 제 지나온 삶을 깊이 뉘우치며 늘 세상과 모든 이들 모든 만물을 아름답고 고마운 눈으로 보겠습니다.

지혜와 기도의 비법

이 불자는 군대를 제대하고 사회에 나와서 컴퓨터회사에 열심히 다닌다. 부모님 따라서 안심정사에 오게 되었고 그 뒤부터 신앙생활을 해오고 있다. 처음엔 종교에 무척 반감을 가졌던 이 불자는 어머님의 지혜로운 인도로 안심정사에 와서 법안 스님을 뵙고 그 뒤부터 불교에 친근감도 생기고 불교의 매력도 알았다고 한다.

법안 스님이 불교방송에서 하신 법문을 듣고 나서부터이다. 그 내용 중에 원숭이가 주인을 너무나 사랑하였다. 항상 보은을 해야겠다는 생각이 많았다. 그러던 중 어느 봄날 따뜻한 양지 곁에 잠든 주인의 얼굴에 파리가 앉아서 주인을 괴롭히는 것이었다. 원숭이는 드디어 보은할 기회를 포착하였다. 옆에 몽둥이를 들어 파리를 잡을 욕심으로 주인의 머리를 내려쳤다. 주인은

죽었다.

　이 원숭이에게는 무엇이 없었을까? 믿음이 없었을까? 소망이 없었을까? 사랑이 없었을까? 아니다, 지혜가 없었다. 이 지혜를 불교에선 가장 중요시하는 이유이다. 불교를 한마디로 표현한 것이 지혜 아닌가? 이 법문으로 불교에 입문하게 되었다.

　그런데, 제대 후 취직하여 직장에 다니면서 몸이 몹시 피곤하고 배도 아프고 머리도 아파 10월 1일 약사기도를 올리게 되었다. 약사불공 전에 이미 다 나아서 피로도 가시고 머리 아픈 것과 배 아픈 것이 말끔히 해소되었다고 이 불자의 어머님께서 말씀하시는 것이었다. 처음엔 남편도 절에 가는 것에 시큰둥하다가 이젠 더 열심히 기도하고 믿는 마음이 자랑스럽다고 한다.

　법안 스님이 토요철야기도에 나올 것을 권유하니 부부간에 같이 나오겠지만 기도하는 것은 자신 없다고 한다. 자신 없어도 좋고 기도하지 않아도 좋으니 오기만 하라고 했다. 그러다보면 법우님들끼리 대화를 나누고 열심히 기도하는 분들을 많이 보아왔기 때문이다.

　기도 올리면서 여러 가지 말씀을 일러주니 모두 인정하면서 더욱 열심히 기도하기로 하였다. 그렇다. 기도는 불가사의한 힘이 있다. 방법을 정확히 알고 한다면 성공률은 훨씬 높아진다. 그것이 기도의 비법이다.

지장경 기도를
시작한 지 1년

안녕하세요. 벚꽃이 만개한 요즘같이 이쁜 날씨에, 지장경 기도를 할 수 있는 기쁨과 감사의 마음이 만개한 벚꽃처럼 가득합니다.

작년 4월 13일부터 지장경독경 기도를 시작하였지요.

불교방송에서 법안 스님의 법문을 듣다가 시작했습니다. 지장경독경 기도를 하면서 제 마음이 많이 편해지고 여유가 생겼어요. 저는 2007년도에 갑상선암수술을 하고 갑상선호르몬제재를 먹는데요. 암의 재발을 방지하기 위해서 호르몬을 아주 강하게 복용하면서 몸의 기능이 많이 떨어지고 심장에 무리가 크게 가면서 나중엔 불안심리도 살짝 생겼어요. 그 당시엔 호르몬약이 그렇게 센지를 모르고 복용하다가 한참이 지나서 몸이 많이 망가지고 나서 알게 되었지만 달리 어찌할 방도가 없었지요.

게다가 갑상선 수술을 하고 2년이 지나서 또 작은 시술을 하게 되었습니다. 별로 하고 싶지 않아서 미루려고 했는데 의사 선생님이 간단하다는 권유에 마지못해 시술을 받았는데 30분이면 된다고 한 시술이 4시간이나 소요됐답니다. 시술 후엔 지혈도 안 되고 회복이 늦어져서 많은 고생을 했는데 이때 몸이 비정상적으로 약해졌어요.

그러면서도 갑상선호르몬을 계속 복용했는데 그때는 약이 그렇게 강도가 센지 몰랐어요. 죽기 직전의 고통을 혼자서 버텨내면서 병원에선 심장검사를 하라고 하고, 심장내과에서는 갑상선호르몬 수치를 조절하라고 했지만 몇 년 동안 약을 강하게 복용을 한 후라 체력이 보통 사람의 20퍼센트 정도로 떨어져서 회복이 안 돼 너무 힘들고 고통스럽게 살고 있었어요. 겉으로는 멀쩡해 보였을지 몰라도 체력이 아주 약해져서 겨우 밥만 해 먹고 반찬은 만들 기운이 없어서 사서 먹었어요. 한약도 받지를 않아서 먹다가 버리다가 나중엔 포기하고 살았어요.

그렇게 12년을 살다가 만난 지장경기도, 지장경기도를 한 지 1년이 지나고 저는 희망을 보았습니다. 안심정사 논산 본찰에 딸들을 데리고 철야기도를 몇 번을 다녀왔는데요. 철야기도를 하고 올 때마다 체력적으로는 많이 힘들었지만 다녀와서는 꿈

자리의 변화, 제 몸의 조그마한 변화, 그리고 한약도 조금씩 받아들여지는 변화, 무엇보다도 강한 약으로 인해 가끔씩 자기 전에 이유 없는 불안증 같은 것이 있었는데 많이 없어지고 편안하고 감사한 마음이 계속 듭니다. 갑상선 약이 강하면 불안장애도 온다네요.

그리고 때로는 남편한테 뻗대던 것도 많이 누그러지고 남편한테 먼저 사과도 하고 남편을 위하는 마음도 많이 생겨납니다. 얼마 전에는 남편이 회사에서 아주 힘든 일이 생겨서 3개월 동안 정직을 당해 집에 있었는데요. 예전의 저였으면 그때 많이 힘들었을 거예요. 하지만 법안 스님의 훌륭한 법문을 들으면서 지장경독경 기도를 하며 지내다 보니 3개월이 그리 괴롭지 않게 잘 흘러갔습니다. 정직 기간에는 월급도 나오지 않았지만 신기하게도 여기저기서 월급 같은 돈이 들어왔어요. 남편은 이제 복직해서 회사에 잘 다니고 있어요.

감사합니다. 그리고 무엇보다도 지장경독경 기도를 젊은 세대인 딸들에게 알려주고, 논산 본찰에 같이 가서 기도하고 딸들도 기도의 가피를 받고 또 느낄 수 있게 해주셔서 감사드립니다.

3년 재수불공을 신청하고 방생도 주변에 권하여서 함께하고 있는데요. 이렇게 기도를 하다 보니 제 통장 잔고가 처음 기도를 시작할 때보다 많이 늘었다는 것을 확인했답니다. 그리고 불보살님들께 공양을 올릴 때마다 항상 느끼는 건데요, 공양을 올리는 것이 헛됨이 없다는 것을, 공양의 공덕이 있다는 것을 항상 체험하게 됩니다. 제가 법안 큰스님의 말씀대로 지장경독경 기도를 1년 정도 하고 이런 변화를 겪었는데, 평생 꾸준히 하면 얼마나 큰 변화가 있을까 그런 생각이 듭니다.

그래도 제가 복이 있어서 법안 큰스님을 불교방송에서 뵙고 건강하게 살고 싶어서 스님의 말씀 대로 지장경독경 기도와 재수불공, 방생을 꾸준히 하니 저에게도 여러 가지 좋은 긍정의 변화가 생깁니다. 아직은 갈 길이 멀지만 꾸준히 기도하는 공덕의 힘은 엄청나게 크다는 것을 체험하고 있습니다. 꿈으로도 업장이 소멸되는 것을 아주 많이 보여주셨고요. 사람이 생명을 유지하기 위해 하루에 세 끼 식사하듯이, 우리가 더 나은 삶을 위해서는 기도도 평생 꾸준히 해야겠다는 생각이 드네요.

법안 큰스님께 정말 감사드립니다. 항상 뵐 때마다 뭐 하나라도 저희에게 챙겨주려 하시고 진실로 대해주시는 마음이 그대로 전해집니다. 저는 여태껏 살면서 존경하는 분이 없었어요. 하지만 이젠 법안 큰스님을 존경합니다.

지장경 천 독
그 이후 1년

꼭 1년 만에 다시 만나 뵙습니다. 지장경을 천 번 독경하고 너무나 과분한 칭찬을 받은 '망고댁'입니다. 이젠 부끄러워서 글을 올리지 말아야지 생각을 했는데, 혹시나 지장경 천 독하고 "잘먹고 잘살고, 잘풀리고 살까?" 라고 궁금해 하시는 분이 계실까 해서 서투른 글을 올려봅니다.

지장경을 천 번 독경하니 괴롭고 힘든 마음은 정말 편안해진 건 사실입니다. 하지만 현실적인 문제가 바로 해결되지는 않았습니다. 그런데 불보살님의 가피는 참으로 미묘했답니다. 우리 식구가 모르는 사이에 모든 일이 하나씩 해결이 나기 시작했습니다. 열심히 일도 하고, 돈도 벌고, 늘 먹을 것과 입을 것이 떨어지지 않았습니다. 제 생각에 참 신기한 것이 잃어버렸던 것을 하나씩 부처님과 불보살님이 주신다는 것이지요. 경제적으로 정말 힘들어서 타고 다니던 자동차를 팔고 자전거를 타기도 하고, 딸내미 오토바이를 타고 다니던 시절이 어제 같고 자동차를 렌트해서 타다가 2주 전에 중고 자동차 두 대를 장만했습니다.

현재 프놈펜에 갔던 아들이 꼭 1년 만에 집으로 돌아와 저를 도와서 6개월째 건물을 올리고 있고, 내년 초에는 변호사 사무실을 오픈할 예정입니다. 딸아이는 법대에 입학했고, 오빠 변호사 사무실에서 바로 실무를 배울 예정입니다. 저 역시 올해는 재기하는 한 해가 되었습니다. 건물도 짓고 직장도 열심히 다니고 있습니다.

지장경 독경 이후 무엇보다 행복한 건 우리 아들의 발작이 사라졌습니다. 벼랑 끝에 서 있는 아이처럼 늘 불안했던 아들이 온전히 저의 품으로 돌아왔습니다.
뜻하지 않게 벼락같이 찾아든 시련은 나를 흔들었고, 우리 가족 전체를 뿌리째 흔들었습니다. 아이가 죽을까 봐 정말 매일 밤을 눈물로 보내기도 했었습니다.

"정성은 운명을 따르고, 성공은 습관을 따르고, 만법은 마음을 따른다"

나의 기도의 정성이 우리 식구의 운명을 길하게 하고
나의 검소함과 부지런함이 우리 아이의 성공을 이끌고
우리의 한 호흡 안에 극락이 아닌 것이 없네.

현재 우리 식구들은 합심 기도를 하고 있습니다. 나와 너를 따지지 않고 열심히 성실히 한 발자국씩 앞으로 가고 있습니다. 참 저는 이제 지장경 독경할 때 눈물이나 하품이나 꿈을 꾸지 않습니다. 요즘은 편하게 쭈욱 독경을 합니다. 잡념과 매일 싸우기는 하지만 예전보다 훨씬 집중이 잘되고 있습니다. 그리고 독경과 더불어 염불, 법문 그리고 경전 해설을 함께 공부하고 있습니다. 확실히 기초가 튼튼해야 모든 공부가 잘되는 듯합니다. 마지막으로 보시도 부족하지만 매일 공양을 올리고 있습니다. 부처님의 말씀은 항상 삶의 일상 속에 있고, 그 지혜를 잘 적용해서 생활해보니 조금의 오차도 없다는 것을 느낍니다.

이제 우리 식구들은 더 열심히 달려보려 합니다. 기적을 일상으로 삼고, 모든 이들에게 희망의 증거가 되려 합니다. 지금 이 순간 "정말잘돼" "할 수 있어" 힘차게 외쳐봅니다.
"늦어지는 건 있어도 안 되는 건 없다" 우리 남편이 저에게 늘 해준 말이네요.
모두 모두 기쁨이 넘치고 행복한 하루하루가 되시길 빕니다.

지장경 천 독을
마무리한 후에

얼마 전에 지장경 천 독을 마무리했지만 게으름도 피우며 완성한 기도라서 사실 부끄러워 글 올리기를 주저했습니다. 안심정사 신도라고 하기에도 부끄럽지만 힘든 일이 있을 때마다 반갑게 맞이해주시고 해답을 알려주신 법안 스님께 감사드리고 싶고, 안심 카페에서 서로 보듬어 주시는 분들께도 제 경험담이 조금이나마 도움이 될 수 있기를 바라면서 용기를 내보려 합니다.

저는 큰아이가 고3이 될 때까지는 착실한 남편과 모범생인 두 아이와 함께 별 걱정거리도 없는 아주 평범한 그런 생활을 했습니다. 그러다 큰아이가 대학입시에 실패하고 그해에 친정 아버지께서 쓰러지셨습니다. 대학입시에 실패할 수도 있고 연세 드신 분이 편찮으셔서 쓰러지기도 하는데 철없이 살았던 저는 그런 상황이 무섭고 견디기 힘들었습니다. 그런 상황들이 제가 부처님께 다가가는 계기가 되었습니다. 운명처럼 법안 스님을 친견했고 그 당시 기도가 무엇인지도 모르면서 무조건 부처님께 매달렸던 저는 법안 스님의 권유로 지장경 독경 기도를 시작했습니다.

새벽 세 시에 일어나는 것이 쉬운 일이 아니었습니다. 큰아이 뒷바라지하며 쓰러진 아버지 병간호하러 병원에 왔다갔다 하면서 새벽에 기도하는 것이 쉽지 않았습니다. 어려우면 어려울수록 제가 믿고 의지할 곳은 부처님뿐이란 생각에 기도를 손에서 놓지 않았습니다. 기도하다 보니 제가 살아오면서 지은 죄가 참으로 많다는 걸 알게 되었고, 가슴을 칼로 찢는 듯한 아픔도 느꼈습니다. 후회가 너무 많이 밀려들었습니다.

아이들에게 공부 더 하라고 채근했던 거, 남편한테 부족하다고 닦달했던 일... 이처럼 잘못한 일이 수도 없이 많았습니다. 시간이 갈수록 소원보다 참회를 많이 했던 거 같습니다. 특히 천 독이 가까워질 때는 참회기도만 했습니다. 아쉬운 것은 20대에 부처님을 알았다면 아니 30대에 알았다면 제가 이렇게 아프게 후회하는 일이 덜했을 테고, 더 아름답게 더 의미있게 살

앉을 수도 있었을 거라는 아쉬움이 많습니다. 이제라도 부처님을 알고 기도할 수 있어서 얼마나 감사한지 모르겠습니다.

오르막길 걸어 걸어 어찌하다 보니 이제 산중턱까지 온 거 같습니다. 잠시 땀을 훔치며 돌아보니 저희 가정은 예전보다 더 사랑하고 화목하고 행복합니다. 저의 친정아버지는 꿈에 하늘에서 동아줄이 내려와 모셔가더군요. 저는 극락에 가셨다고 확신합니다.

처음 기도를 시작할 때 저의 남편은 새벽에 기도하는 것을 이해하기 어렵다고 했습니다. 그러던 남편이 지금은 낚시를 끊었고, 술과 담배를 끊었고, 저 기도하라고 기도책상도 만들어주었습니다. 남편도 기도를 시작하여 거의 200일이 다가옵니다. 남편한테 힘든 일이 생겼을 때 큰 무리 없이 해결이 되니 하지 말라고 해도 퇴근하면 식사를 마치고 바로 기도를 합니다. 감사합니다. 저녁 시간에 부부가 각자 방에서 기도하는 모습이 상상이 되시는지요. 저는 스스로 아름답다고 생각합니다.

큰아이는 재수하여 지원한 여러 대학에 모두 합격했습니다. 남들보다 1년 늦었으니 취업은 빠르게 하겠다며 인턴부터 시작해서 계약직, 정규직 계장까지 단숨에 가더니 20대 후반에 대

기업에 스카우트 되어 잘 다니고 있습니다. 작은아이는 대학교 3학년 때 대학원에 가고 싶다고 하길래 그때부터 학비 걱정 없이 뒷바라지하게 해달라고 기도했더니 석사과정 내내 학비 안 들이고 대학원 공부를 하고 있습니다. 두 아이들은 자기들 능력보다 엄마가 기도해줘서 더 잘된 거라며 이제 아빠까지 기도하니 더 감사하다고 합니다. 아이들도 이제 시간을 내서 지장경 독경기도를 하겠답니다.

이러한 과정에 솔직히 힘든 일이 많았습니다. 뭐라 표현해야 할지 모르겠지만 의심하지 말고 법안 스님 법문 들으며 그대로 따라 하면 다 된다고 생각합니다. 저는 법안 스님의 철학이 너무 좋습니다. 불자들 기도하게 해서 더 행복해지게 해주시면서도 스님은 아무 욕심없이 세상에 모든 것을 다 내주시더군요. 저는 법안 스님의 법문을 들으며 여기까지 왔습니다.

기도하는 중에 세세하게 일어났던 일들이 얼마나 많았을까요. 부처님은 꿈으로도 오셨고, 기도 중에 꽃향기, 향냄새로 저를 알게 모르게 도와주러 오셨습니다. 눈물이 납니다. 지금도 새벽에 일어나려면 쉽지 않지만 현생에 지은 업보를 소멸하기 위해, 돌아가신 부모님을 위해 효도하기 위해, 세상에 빚을 갚기 위해, 더 행복해지기 위해 정진하겠습니다.

지장경 3천독 성취,
불보살님 감사합니다

    삼계도사 사생자부 위대한 우주의 아버지이신 부처님을 찬탄합니다.

- 일천독: 2014.5.6.(부처님 오신날)~2016.4.30.
- 이천독: 2016.5.1.~2018.11.1.
- 삼천독: 2018.11.1.~2019.7.29.

    지장경 삼천독 성취 가피 첫 번째는 자신감과 든든함입니다. 출근길에 나서는 제 발걸음이 가볍고, 무슨 일이든 못할 게 있을까? 3천독을 마친 사람은 뭔가 달라야겠지 하는 생각을 합니다.

    평소처럼 오늘 아침에도 전철 안에서 1독을 마칩니다. 허리를 최대한 꼿꼿이 세우고, 집중해서 읽습니다. 독송하기 전에 발원합니다.

"이 전철 안에 있는 사람들 모두가 편안하기를~, 누군가 말을 걸어오면 가방에 넣고 다니는 법안 스님 CD와 정말잘돼, 할 수있어 스티카를 나눠줘야지! 합니다. 독경하는 동안에 온갖 상념이 떠오르기는 하지만, 마음은 차분하고 불보살님을 향한 신심이 가득합니다.

두 번째 가피는 조급함이 누그러졌습니다. 제가 타고난 성격이 좀 급하고 강박증이 심한 편인데, 지장경 독송 기도를 하며 마음이 조금 탄력적으로 변해가고 있습니다. 여유가 생긴 것이지요. 집안일이나, 자식 일에 관한 모든 걸 제가 통제해야 한다고 생각하며 살아왔는데, 이러한 제 태도가 가족을 힘들게 했다는 점을 인정하며 반성합니다. 그냥 그대로 자연스럽게 순리대로 뒀어도 되는 건데, 때로는 가슴을 쓸어내리며 참회, 또 참회합니다. 저를 바라보는 저 자신이 편안하게 되니 가족도 많이 편안해하는 것 같습니다.

세 번째는 무슨 소원이든 모두 이룰 수 있다는 확신입니다. 법안 스님의 법문을 모두 찾아서 듣고 있습니다. 정해진 운명은 있으되 바꿀 수는 있다! 3천독 이후, 제 업장 중에 많은 부분이 소멸되었음을 느낍니다. 불보살님의 가피가 저와 제 가족에게 이미 가득함에 감사드립니다. 소원표 첫째 목표인 우리 가족 다섯 식구 모두 지장경 독송 기도를 하면 좋겠다는 발원도 곧 이룰 수 있을 것 같습니다. 제 앞가림을 잘하여 주변 지인들에게 지장경 독송 기도를 전해주고 싶습니다. 가족 모두의 무병장수와 소원성취를 위해 지장경 독송 기도를 계속 이어갈 것입니다.

네 번째는 보시바라밀에 좀 더 집중하게 되었습니다. 작지만 안심정사 만선공독회 3년, 불경공덕회 3년, 방생기도 3년, BTN붓다회도 3년 기도 접수했습니다. 이제는 다가오는 미래에 대한 불안감이 별로 없습니다. 세 자녀 모두 술술 잘 풀릴 거라 믿기에, 오직 기도할 것입니다.

세세생생 불보살님께 의지하며 복과 덕을 성취하겠습니다. 불보살님 감사합니다.

안심정사 지역도량 안내

충남 논산시 연무읍 안심로203번길 12
충남 논산시 연무읍 안심리 1098
전화 : 041-742-4557 / 010-7422-4557

서울특별시 서초구 강남대로6길 18
서울특별시 서초구 양재동 351-5
전화 : 02-577-4557 / 010-6640-4557

부산광역시 해운대구 달맞이길117번 다길 149
부산광역시 해운대구 중동 1485-5
전화 : 051-704-4557 / 010-9421-4557

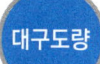
대구시 동구 동호로7길 80
대구시 동구 신서동 550-1
전화 : 053-625-4557 / 010-5241-4557

경상남도 창원시 진해구 조천북로 97번가길 28
경상남도 창원시 진해구 경화동2가 산10번지
전화 : 055-547-4557 / 010-8611-4557

다음카페 (**Daum** 카페) http://cafe.daum.net/ansim24

간절한 기도로 행복을 찾아가는
안심정사 법우들의 이야기
운명을 바꾼 사람들 제1권

초판 불기 2558년(서기 2014년) 8월 15일
4쇄 불기 2567년(서기 2023년) 5월 8일

펴낸이 석법안 스님
펴낸곳 도서출판 안심
주소 서울특별시 서초구 강남대로6길 18
대표번호 02-577-4557
이메일 wfbansimsg@nate.com

편집·인쇄 아름원 02-2264-3334
편집책임 차도경
표지디자인 정상운
편집 정소연

ⓒ도서출판 안심, 2019

※ 잘못된 책은 교환해 드립니다.

ISBN 979-11-87741-40-4
값 10,000원